Brigitte Troeger
Florence Nightingale

Brigitte Troeger

Florence Nightingale

Der Engel der Verlassenen

Biografische Erzählung

BRUNNEN
Verlag Giessen · Basel

Die Zeichnung Seite 7 zeigt Florence Nightingale als Mädchen,
gezeichnet von ihrer Schwester Parthenope.

© Brunnen Verlag Gießen 2010
www.brunnen-verlag.de
Umschlagmotive: Thomas Vogler, Heuchelheim;
iStockphoto; Shutterstock
Umschlaggestaltung: Sabine Schweda
Satz: DTP Brunnen
Druck: GGP Media GmbH, Pößneck
ISBN 978-3-7655-1738-9

Inhalt

Die Personen   9

Auf dem Landschloss   11

Wilder Schwan im Ententeich   21

Lieber sterben als in diesen langweiligen Salons
herumsitzen!   27

Mit der Kutsche durch Europa   32

Zum Nichtstun verurteilt   42

Der Stimme des Herzens folgen   47

Gute Freunde   51

Die Liebe, aber …   55

Schönes Kaiserswerth   59

Ich wünsche mir keine andere Welt als diese hier   66

Ein Adler muss fliegen dürfen   68

Kriegsgeschrei   76

Die Überfahrt   81

In der Hölle von Skutari   87

Die Lady mit der Lampe   89

Die Heerestruppe Nightingale   94

Was heißt hier Gesindel?   96

Fast das Ende   100

Die Kommission   104

Der Engel der Krim   110

Das Krimfieber   115

Ungewöhnliche Kriegsbeute 119

Turbulenzen und Überraschungen 125

Bewundert und bejubelt 134

Heimkehr 137

Nachwort – wie es weiterging 145

Gebet von Florence Nightingale 148

Zeittafel 149

Weitere Bücher zum Thema 152

Nachbemerkung der Autorin 155

Die Personen

Florence Nightingale, Tochter reicher englischer Landadeliger, Begründerin der modernen Krankenpflege

William Edward Nightingale, genannt WEN, Landadliger, Vater von Florence

Frances Nightingale geb. Smith, genannt Fanny, Mutter von Florence

Parthenope Nightingale, genannt Parte, Schwester von Florence

Mai Smith geb. Shore, »Tante Mai«, die Lieblingstante von Florence, eine Schwester ihres Vaters

Sam Smith, Tante Mais Mann und der Bruder ihrer Mutter, Bankkaufmann

Julia Smith, eine Schwester der Mutter, Vorbild für Florence

Hilary Bonham-Carter, die liebste Cousine von Florence

Kutscher Charles, Flos heimlicher väterlicher Freund

Seline und James Bracebridge, Freunde der Familie

Mary Clark, genannt Clarky, Pariser Salondame, später verheiratet mit Julius Mohl, einem bekannten Orientalisten, gleichgesinnte Freunde von Florence

Sidney Herbert, Kriegsminister und Freund von Florence

Elizabeth Herbert, seine Frau, Freundin von Florence

Richard Monckton Milnes, Freund der Familie Nightingale, Dichter und Politiker. Gründete zusammen mit Sidney Herbert die Florence-Nightingale-Stiftung

Dr. Edward Menzies, der leitende Arzt im Lazarett von Skútari (in einem Stadtteil von Konstantinopel; heute: Üsküdar, ein Stadtteil von Istanbul)

Major Sillery, der militärische Befehlshaber in Skutari

Dr. John Hall, der Chefchirurg zunächst im Lazarett von Skutari, dann in den Krankenhäusern in Balaklava auf der Krim

Dr. John Sutherland, Leiter einer Sanitätskommission aus London

Mutter Bridgeman, Nonne, Leiterin einer Delegation von pflegebereiten englischen Frauen

Lord Stratford, der britische Gesandte in Konstantinopel

Mrs Roberts, die leitende Krankenschwester in Skutari

Robert Robinson (Robbie), 12 Jahre, Trommler in der britischen Armee, Laufjunge im Lazarett Skutari

William Jones, 17 Jahre, junger englischer Infanteriesoldat

Peter Grillage, 5 Jahre, russisches Waisenkind

William Russell, Reporter der »London Times«

Sara Christie, Hauslehrerin von Florence und Parte

Auf dem Landschloss

Als die prächtige, altbekannte Reisekutsche der Nightingales sich dem südenglischen Holloway nähert, blüht die Heide kräftig rosa und die Ahornalleen breiten ein gelb leuchtendes Baumkronen-Dach über die Straßen. Wolken und Sonne tauchen die üppige Natur in wechselnde Farben. Die Wege erschweren das Reisen – sie sind noch weich vom letzten Regen, aber die Sonne hat die Kinder im Dorf Holloway auf die Straße gelockt. Man schreibt Herbst 1821.

»Da kommt die Herrschaft!«, ruft die Bäuerin Hester, die gerade ein paar frisch geerntete Steckrüben von der schweren Erde säubert. Die Kinder springen auf die Seite, um die sechs Pferde und das breite Gefährt durchzulassen. Regenwasser spritzt aus den Pfützen.

»Jetzt sind sie zurück aus Italien«, sagt der Barbier zu seinem Kunden, dem Hufschmied Miller. Er unterbricht seine Arbeit für eine Weile und schaut dem Gefährt nach. Die Kinder haben sich an die Kutsche gehängt, und wer keinen Platz ergattern konnte, läuft einfach hinterher.

»WEN ist wieder da!« Die Leute in der Grafschaft Derbyshire nennen den Landedelmann William Edward Nightingale einfach WEN.

»Der Nightingale, von seiner Hochzeitsreise?«

Der Barbier lacht in den blinden Spiegel: »Zu zweit sind sie abgereist, zu viert kommen sie nun zurück. Ich habe ganz flüchtig auch die kleinen Töchter gesehen. Sehen ganz hübsch aus – aber die Frau Gemahlin ist ja auch eine Schönheit, wen wundert's?«

Eine Weile hört man in der kleinen Barbierstube nur das monotone Schaben des Rasiermessers. Stück für Stück legt der geschickte Barbier das energische Kinn des Hufschmieds frei.

»Stimmt es, dass sie sich geweigert hat, ins alte Landhaus

zu ziehen? Es sei ihr nicht gut genug, sagen die Leute. Dass sie drei Jahre lang in Italien waren, damit das neue Haus Lea Hurst gebaut werden konnte?«

»Ja, die Lady kommt aus reichem Hause, da kann sich der Nightingale doch nicht lumpen lassen. Ein schönes Schlösschen hat er in Auftrag gegeben, die besten Leute verpflichtet. Es ist gerade fertig geworden, vorgestern hat man den Kies für die Auffahrt geliefert.«

»Das ist knapp genug«, meint der frisch rasierte Kunde und fährt prüfend mit der Hand über sein glattes Kinn. Und während er seine abgetragene Jacke anzieht, meint er: »Ich habe den alten Nightingale gekannt. Das war ein tollkühner Bursche. Trinkfest und übermütig, wenn er bei nächtlichen Hindernisrennen Kopf und Kragen riskierte. Er wurde auf seiner Kupfermine immer reicher. Die hatte er zufällig bei seiner Feldarbeit gefunden. So viel unverschämtes Glück müsste man haben! Hatte nicht mal einen ordentlichen Erben! Der junge William Shore, sein Neffe, hatte seine Eltern früh verloren, und weil sein Onkel keine Söhne bekam, konnte er das Erbe antreten. Über Nacht wurde er steinreich, ohne auch nur einen Finger zu rühren! Aber eine Gegenleistung hat der Alte ihm abverlangt: seinen Namen sollte er übernehmen.« Der Hufschmied lacht: »Der Name Nightingale – Nachtigall – passt wirklich gut zu einem Mann, der über Nacht steinreich wird.«

Inzwischen ist die Kutsche am Fuß des Hügels von »Lea Hurst« angekommen, der Kinderschweif ist immer länger geworden. Jetzt schnalzt der Kutscher mit der Zunge und gibt den Tieren die Peitsche. Mit einem Ruck ziehen die Pferde an, die Kinder springen und purzeln vom Trittbrett herunter, und während der Reisewagen mit Schwung die Auffahrt nimmt, schaut die Schar hinterher, bis er schließlich hinter Rhododendren und Akazien verschwunden ist.

Vor dem nagelneuen Anwesen Lea Hurst versammeln sich

die Bediensteten. Der Kutscher ist abgestiegen, um die Pferde zu halten, während der Lakai vom Bock springt und die Wagentür öffnet. WEN steigt aus und reicht seiner Gattin die Hand. Die Lady erscheint unter dem ledernen Dach der großen Kutsche, ordnet ihre resedagrünen, wollenen Reiseröcke und setzt ihren blumenbesetzten Hut auf. Nun wird dem Lakai die kleine Florence angereicht. Die Einjährige zappelt in ihren Reisekleidern und will auf die Füße. Dann setzt sie kurze, unsichere Schritte in den Kies und schlägt energisch die angebotene Hand des Vaters aus. Eine weinende und frierende Zweijährige kommt zum Vorschein, und zum Schluss klettert das Kindermädchen hinterher und versucht, die unglückliche zweijährige Parthenope zu beruhigen.

WEN hat sich zuerst einmal gestreckt und gereckt, so wie die Tiere es tun, wenn ihnen der Käfig ihre Bewegungsfreiheit genommen hat. Dann schaut er mit großer Zufriedenheit und Stolz auf das neue Bauwerk. Was für eine prächtige Fassade! Seine Augen glänzen. Nein wirklich, es kann sich sehen lassen!

Lady Fanny aber steht wie versteinert: »Was, in dieser kleinen Hütte sollen wir wohnen? William, was hast du dir denn dabei gedacht? Wie viele Schlafzimmer hat denn das Haus?«

»Fünfzehn, meine Liebe«, erwidert William mit Nachdruck. Fannys Mund wird zu einem Strich. »Nur fünfzehn? Nein, das ist doch unmöglich, William! Wir alleine sind doch schon vier, denk doch mal an die Dienerschaft! Ich werde nicht dulden, dass zwei sich ein Zimmer teilen! Und wo sollen wir bitteschön unsere Gäste unterbringen? Wir brauchen ein viel, viel größeres Haus!« Spricht es, rafft ihre Röcke und schwebt entrüstet die breite Freitreppe hinauf, vorbei am Spalier der Bediensteten.

William lässt sich die Enttäuschung nicht anmerken und begrüßt das Gesinde, stellt stolz seine Töchter Parthenope und Florence vor und freut sich am Entzücken der Dienerschaft, bevor er sich in der Eingangshalle in einen weichen Sessel wirft und ins Leere schaut.

So eine Pleite! Na ja, er kennt seine Fanny erst seit drei Jahren. Wenn sie von Hausbällen und Festen schwärmte, dann nahm er sich fest vor, sie auszuführen, sooft sie nur wollte – viel lieber würde er mit ihr in den Wald gehen, aber sie will offensichtlich repräsentieren, und das kann sie auch wirklich gut. Nun denn, soll sie ihre schönen Kleider und ihren Liebreiz geltend machen, ihre geschliffenen Umgangsformen und ihr Organisationstalent doch ausleben! Er will ihr nicht im Weg stehen. An ihm soll es nicht liegen, ihr ein viel größeres Haus zu bieten. Aber sein geliebtes Gut Lea Hurst wird er nicht aufgeben – niemals!

So kommt es, dass die Nightingales bald zwei Schlösser bewohnen: ein größeres in Embley Park in der Grafschaft Hampshire, näher bei London, und diesen kleineren Landsitz Lea Hurst, den sie jeweils im Sommer aufsuchen. Embley Park ist ein gewaltiger Herrensitz mit Sprossenfenstern und holländischen Giebeln. Er macht den Eindruck von Erhabenheit und ist doch sehr schlicht und solide ausgestattet. Im Park – großzügig angelegt – kann man zwischen Lorbeerbäumen, Azaleen und Rosen spazieren gehen, und die Kinder haben auf dem grünen Rasen viel Platz zum Toben. Das Gelände ist groß genug für ausgedehnte Ausritte mit der jungen Stute Peggy, die besonders mit Florence Freundschaft geschlossen hat.

Hier fühlt sich Fanny in ihrem Element, denn in der Nähe ihrer großen Familie lassen sich Besuche leichter arrangieren.

Als die ersten Postkutschen ihren Dienst aufnehmen, scheint Fannys Glück perfekt: Sie schreibt täglich viele Briefe. Die Welt ist groß und die Bekanntschaft auch. Nun wird es auch leichter, Einladungen zu verschicken.

Aber Florence oder Flo, wie sie in der Familie genannt wird, spürt, dass Mama trotzdem nicht zufrieden ist. Eines Tages sagt

Fanny: »Das Haus ist zu klein, William – eigentlich braucht es Platz für fünf große Familien.«

WEN schaut erschrocken auf: »Wieso reicht dir unser gro-ßes Haus nicht, meine Liebe?«

»Ein Herrschaftshaus braucht Platz für viele Gäste, nicht nur für die Verwandtschaft«, entgegnet sie. »Am liebsten würde ich jeden Abend Gäste bewirten: Landadlige mit ihren Frauen, Barone und Baronessen, höhere Adlige, Grafen und Gräfinnen.«

»Und wie wäre es mit Herzögen?«, fragt William spitz.

»Warum eigentlich nicht?«, erwidert sie hoffnungsvoll.

Im Frühjahr und im Herbst, wenn die Herrschaft in das jeweils andere Domizil umzieht, nutzt man die Gelegenheit, um ein paar Wochen in der Hauptstadt zu verweilen. WEN hat sich geweigert, auch in London ein großes Haus zu bau-en. Deshalb wohnen sie dort nur im vornehmen Burlington-Hotel, um kulturelle Höhepunkte zu erleben, Großstadtflair zu genießen und vor allem Gesellschaften zu besuchen oder zu geben.

Die kleine Flo mag diese Bälle nicht. Sie weiß nie, ob sie alles richtig machen wird. Einmal redet sie eine Herzogin mit »Euer Gnaden« an. Dafür bekommt sie einen Tadel von Mama, weil die Herzogin nämlich auch zum Adel gehört. Doch als sie dann einen Baron mit seinem Titel anspricht, sagt Mama hin-terher: »Mein liebes Kind! Einen Baron redet man immer mit ›Lord‹ an!« Jedes Mal, wenn Mama »mein liebes Kind« zu ihr sagt, weiß Flo, dass jetzt eine Zurechtweisung folgt.

Mrs Fanny Nightingale hat ein hohes Ziel: In ihrem Haus in Embley Park soll einmal der größte und der interessan-teste Salon weit und breit entstehen. Die Voraussetzungen da-für sind günstig, denn William hat Zeit und Geld – und Bil-dung! Er ist ein wahrer Gentleman. Wie gut, denkt sie, dass ich die erste Verlobung gelöst habe! William ist bei Weitem die bessere Partie. Mit seinem langen Studium in Cambridge steht ihm die Welt offen – und mir auch. Ich würde mich nicht wundern, wenn er einmal eine politische Laufbahn einschlägt. Aber vorläufig ist er glücklich mit Angeln und Jagen; das Leben eines Landedelmannes genügt ihm. Soll er es doch genießen! Von den Zahlungen der Pächter, die unseren Besitz versorgen, können wir sehr gut leben. Außerdem hat er viel Zeit für die Kinder.

Das Schönste aber ist, dass William ein großzügiger und charmanter Gastgeber ist. Er bringt – wie erträumt – seiner geliebten Frau den Adel der weiten Umgebung in den Salon des Hotels, auch die ganz prominenten Politiker. Mit ihnen führt er tiefsinnige, interessante Gespräche. Vom Organisieren versteht er allerdings nicht viel, aber das ist auch nicht nötig. Das besorgt Fanny allein, und er steht ihr nicht im Weg. Sie ergänzen einander in jeder Hinsicht, welch ein Glück! Diese Chance, viele Gäste willkommen zu heißen, möchte Fanny jedoch gerne aus dem Londoner Hotel in ihr Haus nach Embley Park verlegen.

Während die Familie Nightingale in paradiesischen Verhältnissen lebt, geht in England zu dieser Zeit die bitterste Armut wie ein Schreckgespenst um. Die zunehmende Industrialisierung hat die Lebensverhältnisse der armen Bevölkerung dramatisch verschlimmert, während eine kleine Oberschicht in Saus und Braus lebt.

Die heranwachsenden Töchter merken zunächst nichts von dem Elend. Sie werden weder in Lea Hurst noch in Embley Park mit der Armut konfrontiert. Aber in London ist das ganz anders. Da begegnen ihnen überall auf der Straße Jammergestalten auf der Suche nach Brot und Arbeit. Bettler mit ausgemergelten Gesichtern liegen in den Hauseingängen. Die kleine Florence bleibt nachdenklich stehen, sie spürt ein starkes Verlangen, mit diesen Armen zu sprechen. Aber Fanny zieht sie fort, während Parte, die ältere Schwester, ihre Taftröcke rafft und einen großen Bogen macht.

Flo bleibt hartnäckig: »Mama, warum sind die Leute so arm? Sie haben nichts zu essen, und auf dem Leib tragen sie Lumpen, das muss doch entsetzlich sein! Wir haben so viel zu essen und Kleider in allen Farben!«

Parte zieht verächtlich die Nase kraus. »Das sind doch Schmutzfinken!«

Aber Flo lässt nicht locker. »Warum kümmert sich niemand um sie?«

»Ach Florence«, seufzt die Mutter, »warum freust du dich nicht einfach, dass es dir so gut geht? Gott hat nun mal Reiche und Arme geschaffen, daran lässt sich nicht rütteln. Oder willst du Gottes Ordnungen verachten?«

Flo runzelt die Stirn. Sie fühlt, dass ihre Frage nicht richtig beantwortet ist, und auch, dass Mama ihren festen Standpunkt hat, den sie nie ändern wird. Aber sie, Flo, wird ihn nie mit ihr teilen können, niemals! »Du solltest lieber Gott danken, dass es dir nicht so geht wie diesen armen Leuten«, hat Mama auch gesagt. Ja, das will sie tun, aber glücklich macht sie das nicht. Und obwohl ihr großes, reiches Elternhaus von Verwandten wimmelt, spürt sie schon als Kind eine große Einsamkeit.

Kürzlich hat ihre Lieblingstante Mai Onkel Sam geheiratet. Onkel Sam ist der Bruder ihrer Mama, Tante Mai die Schwester ihres Papas. Bei der Trauzeremonie kommt es zu einem Eklat – die fünfjährige Flo hat sich zwischen das Brautpaar gekniet. Mama zerrt sie zurück auf die Kirchenbank.

»Was hast du dir eigentlich dabei gedacht?«, schimpft Fanny später. Flo ist ganz verwirrt. Hat sie das wirklich getan? Es muss wohl so gewesen sein. Flo fühlt nur eine tiefe Trauer, wenn sie an diesen Tag zurückdenkt. Sie fürchtet, dass sie ihre Lieblingstante Mai an den starrköpfigen Onkel Sam verloren hat.

Tante Mai ist ganz anders als Mama, mit ihr kann man Verstecken in den Schränken spielen, sie ist lustig und überhaupt nicht steif. Und da ist auch Mamas Schwester, Tante Julia. Sie ist nicht verheiratet, und es heißt, sie versorge Großmutter Smith in Tapton – aber meistens ist sie mit ihren Freundinnen unterwegs. Flo bemerkt schon früh, dass Mama sie nicht mag. Sie beschäftigt sich mit Fragen, die sich für verheiratete Frauen der Oberschicht nicht schicken.

»Gibt es Frauen im Parlament?«, fragt Tante Julia und antwortet auch gleich selbst: »Nein.«

»Dürfen Frauen die Universität besuchen? Nein.«

»Haben Frauen Stimmrecht? Nein.«

»Gibt es Ärztinnen? Nein.« Tante Julias Stimme klingt immer energischer.

»Und die Königin?«, fragt Flo zurück.

»Seit über hundert Jahren hat es keine Königin mehr gegeben«, gibt Tante Julia zu bedenken.

Flo bewundert die freiheitsliebende Tante Julia und sie liebt Tante Mai – beide helfen ihr, die Welt, in der sie lebt, besser zu verstehen, und bei beiden darf Flo sie selbst sein – ein kluges und unangepasstes Kind mit ungewöhnlichen Ideen und unbequemen Fragen.

Parte ist ganz anders. Sie entspricht voll und ganz den Vorstellungen ihrer Mutter, tut alles, was sich für eine Tochter der höheren Gesellschaft geziemt. Sie knickst brav, wenn Besucher kommen. Sie gibt artig Antwort, wenn sie gefragt wird, und sobald sich die Gespräche der Erwachsenen ihrem Verständnis entziehen, nimmt sie ihre Malerei und setzt sich damit in eine Ecke. Oder sie holt sich Mamas Erlaubnis, draußen mit der Dogge Teazer zu spielen. »Ja, mein Kind, aber denke an dein Kleid!«, mahnt Fanny, und sie kann sich darauf verlassen – Parte wird es nicht beschmutzen.

Die große Schwester klagt der treuen Hündin ihr Leid: »Flo

ist so komisch. Sie will nie mit uns spielen. Immer sitzt sie am Fenster und träumt vor sich hin.« Ja, Flo hat sich sogar geweigert, im Salon zu erscheinen. Sie hasst diese artigen Auftritte in Samt und Seide, und am liebsten bleibt sie mit sich selbst allein.

Bald kommen die Kinder ins Schulalter. Mama engagiert zusätzlich zur Gouvernante eine Hauslehrerin. Höhere Töchter gehören nicht in eine Schule, wo sie mit fremden Elementen in Berührung kommen. Parte und Flo sollen zu Hause eine gründliche und umfangreiche Bildung genießen. Die Lehrerin Fräulein Christie versteht es, die Kinder zu gewinnen und zu fördern. Flo blüht auf und vergisst ihre Einsamkeit. Bald lernen die beiden Schwestern Lesen und Schreiben, wobei Flo ihrer großen Schwester immer ein wenig voraus ist. Ganze Bücher will sie lesen – sie sollen ihr die Welt erschließen. Dann kann sie stundenlang am Fenster neben ihrem Schulpult sitzen. Manchmal entgleitet ihr das Buch aufs Fensterbrett, während sie verträumt in den Garten schaut.

Einmal ist die strenge Gouvernante gerade ins Zimmer getreten, während Florence an ihrem Lieblingsplatz sitzt und gedankenverloren ins Weite blickt. Sie rügt Flo, weil sie untätig ist, und will sie zu Parte in den Garten schicken, aber das Kind hat dazu keine Lust.

»Dann tun Sie doch wenigstens etwas Nützliches«, sagt die Gouvernante. »Wo haben Sie denn Ihre Stickerei?«

Da stampft Flo mit dem Fuß auf und ruft: »Ich will aber nicht sticken!«

Jetzt wird die Gouvernante ungehalten. »Müßiggang ist aller Laster Anfang! Was würde Ihre Frau Mutter sagen, wenn ich ihr erzählte, Sie säßen hier träumend herum?«

Da geht Flo ohne Antwort einfach weg. Trotzig setzt sie sich draußen in ihre Schmollecke unter dem Ginsterstrauch und streichelt den Kater Jimmy. Jimmy und Flo haben eine Gemeinsamkeit – beiden fehlt etwas. Jimmy hat seinen Schwanz bei einem nächtlichen Abenteuer eingebüßt. Flo spürt, dass sie anders ist als die Gleichaltrigen. Warum kann sie es der Erzieherin und der Mutter nie recht machen? Sie denkt: Nie bin ich richtig in ihren Augen! Ständig ärgern sie sich über mich. Wenn ich meine Erlebnisse aufschreibe, dann sagt Mama, das ewige Gekritzel mache sie noch wahnsinnig. Nur Fräulein Christie hat mich gern.

Die junge Hauslehrerin hat neulich mit den Nightingale-Töchtern ein Fest für arme Kinder aus dem Dorf gegeben. Es gab viel Gutes zu essen und schöne Geschenke – Flo war begeistert. Aber Parte saß stocksteif auf der Stuhlkante, als hätte sie einen Besenstiel verschluckt. Sie mag die armen Kinder nicht. Ständig hat sie Angst, dass ihr Kleid schmutzig wird. Und Flo ist darüber sehr ärgerlich.

Zum Glück darf Flo ohne ihre Schwester reisen, wenn Tante Mai sie nach »Combe Hurst« in Surrey einlädt. Dort wird bald ein kleines Mädchen namens Blanche geboren. Später kommt ein Stammhalter zur Welt. Er heißt William Smith, aber er wird in der Familie einfach »der kleine Shore« genannt, weil er WEN beerben wird, falls dieser keinen Sohn bekommt. Flo darf die kleinen Kinder hüten und sie liebt besonders den kleinen Shore. Wenn solche Ferien zu Ende gehen, ist sie traurig. Denn in Embley Park ist es langweilig, und da heißt es ständig: »Das tut man nicht«, oder: »Das ist unter unserer Würde«, oder: »Vergiss nicht, dass du eine Nightingale bist!«

Wilder Schwan im Ententeich

BEI DEN ELTERN und ihrer Dienerschaft sind die Tage geregelt bis ins kleinste Detail – und die Abende verlaufen entweder als Gesellschaft – das gefällt Parte besser – oder als gemütliches Zusammensein der Familie in der Bibliothek – das ist ein Lichtblick für Flo, weil sie da ihren Papa ausfragen kann.

Auch William freut sich auf eine Lesestunde mit seinen Lieben. Parte hat ihre Malerei dabei, Mama ihre Stickerei – und Flo? Sie hängt an Papas Lippen, um ihn schon bald zu unterbrechen: »Papa, Tante Julia hat gesagt, dass unser König schon alt ist. Er hat keinen Sohn. Hätte denn seine Nichte Victoria Chancen, Königin zu werden?«

WEN wiegt den Kopf. »Das ist eher unwahrscheinlich, Flo, sie ist ja noch sehr jung. Für eine Krönung muss sie mindestens achtzehn Jahre alt sein.«

»Dann wollen wir hoffen, dass er noch ein bisschen weiterlebt«, meint Flo. »Tante Julia hat nämlich gesagt, dass unsere Könige nichts Gescheites auf die Beine stellen. Eine Frau würde vielleicht mehr für die Armen tun.«

»Seine Majestät ist aber der Politik der Liberalen zugeneigt, Flo, er würde sicherlich Reformen zugunsten der Armen durchsetzen, wenn er könnte.«

»Und warum kann er nicht?«

»Er hat nicht die nötigen Stimmen im Parlament.«

»Dann sollte er mehr Liberale in den Adelsstand erheben, damit sie für seine Gesetze stimmen.«

»Ganz recht, mein Kind.«

»Und vielleicht erreicht das Parlament es dann auch, die Sklaverei in unseren Kolonien abzuschaffen …«

Parte hält es nicht lange aus, und sie zieht sich mit Mama zurück. William und seine kleine Tochter bleiben oft lange im Gespräch zu zweit. Flo mag nicht aufhören zu fragen.

Eines Tages – die Kinder sind zu Bett gegangen – bemerkt Fanny: »Ich begreife Flo nicht. Warum ist sie nicht wie Parte und die anderen Mädchen ihres Alters?«

William entgegnet: »Vielleicht, weil sie intelligenter ist als die andern!«

»Ich gebe ja zu, dass sie sich seit einiger Zeit nett aufführt, wenn wir eine Gesellschaft haben, aber wehe, wenn sie ihre trotzigen Anfälle hat! Wir sind wohl wie Enten, die einen wilden Schwan ausgebrütet haben!«

»Vielleicht ist dieser Schwan ein Adler, wer weiß?«, erwidert William.

»Was hilft mir ihr Verstand, wenn sie so unbeherrscht ist? Gewiss, sie ist klug, aber wer fragt bei einem Mädchen schon nach Klugheit? Mädchen gehören ins Haus und sollen einmal gute Ehefrauen und Mütter sein. Dazu aber brauchen sie keinen Verstand!«

WEN lacht. »Ich wette, Flo wird früher heiraten als Parte. Schau dir doch die jungen Männer an, wenn die beiden auf einer Gesellschaft erscheinen!«

In der Tat: Florence verspricht schon als Zehnjährige, eine Schönheit zu werden. Ihr schlanker Wuchs, das braune, lockige Haar, die ausdrucksvollen dunklen Augen in einem feinen und ernsten Gesicht faszinieren jeden. Sie ist ein stilles Mädchen, aber manchmal zeigt sie ihre Lebendigkeit und sprüht vor Temperament – dann verzaubert sie ihre Umgebung.

Als die Hauslehrerin Miss Christie heiratet, muss sie die Nightingales verlassen. Flo ist untröstlich. Aber kann sie ihrer geliebten Lehrerin das Eheglück verübeln? Die Eltern gehen auf die Suche nach einer Nachfolgerin, aber es ist unmöglich, eine Hauslehrerin zu finden, die sich geistig als kompetent erweist und standesgemäß wäre. Und eigentlich ist es auch schön, dass der Vater das Hauslehreramt übernimmt – Flo ist überzeugt, dass Papa alles weiß. Er unterrichtet die Kinder in Geschichte, Griechisch, Latein, Italienisch, Französisch, Deutsch und Philosophie. Mathematik zu lehren, hält er in diesem Fall für unangemessen. Das ist keine Wissenschaft für Frauenköpfe, meint er.

WEN ist groß und schlank wie eine Pappel. Selten sieht man ihn auf einem Stuhl sitzen, er besorgt alles Schriftliche an einem Stehpult, dessen Beine so lang sind, dass er bequem daran arbeiten kann. Flo freut sich immer mehr auf die Unterrichtsstunden, weil alles so spannend ist. Parte indes sitzt teilnahmslos vor den Büchern und versucht, wann immer es möglich ist, nach draußen zu entwischen.

WEN fördert seine wissbegierige Tochter nach allen Regeln der Kunst. »Willst du mich zum Gericht begleiten, Flo?«, fragt er. »Dort gibt es morgen eine Verhandlung, die dich interessieren könnte. Und hinterher können wir uns die Schreine unserer Könige in der Winchester-Kathedrale anschauen, willst du?«

Flo ist neugierig. Sie wird voll Stolz zuschauen, wie ihr Papa als Oberster Richter in feierlicher Robe ausreitet, um der Gerichtsverhandlung beizuwohnen. Eigentlich hat seine Auszeichnung zum »Obersten Richter der Grafschaft Hampshire« nur symbolischen Charakter. Er selbst muss keine Entscheidung treffen.

Flo zittert mit einem armen Landarbeiter, wie er da sitzt, ganz klein in sich zusammengesunken. Er wird des Diebstahls überführt. Bohnen hat er gestohlen, bei seinem Gutsherrn. Bestimmt hatte er Hunger, und seine Familie auch, denkt Flo. Dann aber werden ihre Augen ganz groß, als sie den Richterspruch vernimmt. Der Diebstahl ist ein schweres Verbrechen. Der Mann wird in die Verbannung nach Australien verschickt. Dort muss er vierzehn Jahre bleiben.

Nach dieser Verhandlung bedeutet ihr die Prachtrobe des

Vaters nichts mehr. Sie hat auch keine Lust mehr auf das anschließend geplante Kulturprogramm mit ihm. Sie wird ihm viele, viele Fragen stellen, heute Abend zu Hause.

Ein paar Tage später kommt Post. Der schwarz geränderte Umschlag verrät nichts Gutes: Mrs Collmann, die früher Miss Christie hieß, ihre geliebte erste Lehrerin, ist gestorben – bei der Geburt ihres ersten Kindes. Flo ist untröstlich. Sie schreibt auf einen Papierfetzen: »Wenn sie nicht geheiratet hätte, wäre das nicht passiert.«

WEN kümmert sich um sie. »Komm, Flo, wir müssen uns anschauen, wie der Schwarzdorn und der Weißdorn in Blüte stehen. Es ist ein weißes Blütenmeer!«

So wandert er mit seinen Töchtern in das weite königliche Wildgehege. Buchen, Eichen und Birken bilden hier den Baumbestand. Die Birken streuen ihren Blütenstaub. Wilde Ponys springen ausgelassen am Waldrand umher, und hin und wieder liegen Moore und geheimnisvolle Tümpel an ihrem Weg.

»Papa, warum heißt der Wald ›New Forest‹? Die Bäume hier sind doch schon uralt!«

»Du hast recht, Flo.« William kneift die Augen zusammen, um besser rechnen zu können: »Der Wald hat ein sehr hohes Alter. Vor 751 Jahren hat William der Eroberer das Freigehege geschaffen. Es wird immer noch streng überwacht, damit die Wilddiebe keine Chance haben. Dort hinten, siehst du die berittenen Wächter mit den grünen Jacken? Sie kontrollieren den Wald, damit niemand die Gesetze übertritt. Früher gab es Todesstrafen für Wilddieberei.«

»Und heute?«

»Heute wird man nur noch hart bestraft, aber nicht getötet. Und im Spätherbst dürfen die Farmer ihre Schweine sogar im Wald fressen lassen. Dann sind die Eicheln auf der Erde noch grün, und nur die Schweine können sie vertragen. Später, wenn die Eicheln braun werden, kommt das Rotwild, und es findet immer noch genug Nahrung.«

»Das ist ja praktisch eingerichtet«, überlegt Flo.

»Ich finde, es ist Zeit, wieder in die Zivilisation zurückzukehren«, seufzt Parte und schaut in Richtung Embley Park.

Flo hat schon lange begehrlich darauf gewartet, endlich Papas kostbare, ledergebundene Bücher lesen zu dürfen. Jetzt meint WEN, der rechte Zeitpunkt sei gekommen, sie werde damit auf andere Gedanken kommen. Flo liest und liest. Sie will ihre Begeisterung mit Parte teilen, aber ihre Schwester hat ganz andere Interessen. Wieder sucht Flo bei Jimmy Trost: »Parte und ich, wir sind wie Wasser und Feuer, aber immer, wenn wir uns streiten, steht Mama auf ihrer Seite. Papa würde mir helfen, aber er ist oft nicht zu Hause. Er behauptet, so viele Pflichten in London zu haben, aber ich glaube, er geht dem ständigen Streit mit Mama aus dem Weg.«

Hat der Kater sie verstanden? Flo schreibt auf: »Am liebsten bleibe ich mit mir selbst allein. Miss Christie hat damals immer gesagt, dann wäre Gott ganz bestimmt bei mir, auch wenn ich ihn nicht sehen kann. Mrs Marsh betet auch zu Gott. Sie hat ihre fünf Kinder durch die Schwindsucht verloren und weint oft. Aber sie sagt, sie sei nicht verzweifelt, weil Gott ihr hilft und sie tröstet. Komisch: Die armen Leute reden viel mehr von Gott als die reichen.«

Flo steckt diesen Zettel weit hinten in den Bücherschrank. Mama darf ihn nicht finden. Sie wäre ärgerlich, weil Flo die Waschfrau mit Namen kennt – das ist nicht erwünscht. Mama hat ihr verboten, mit der Dienerschaft zu sprechen.

Aber gerade das reizt das Mädchen, denn Flo will ein Geheimnis lüften. Wie kann ein so großer Haushalt, zu dem sie gehört, so reibungslos funktionieren? Wenn sie morgens aufsteht, sind die vielen großen Räume bereits warm, das Küchenpersonal hat Kaffee und Kakao in die Schlafgemächer gebracht, bevor die Kammerzofen und Kammerdiener der Herrschaft bei der Morgentoilette helfen. Bei Mama dauert das besonders lange, weil sie eine kunstvolle Hochfrisur trägt. Das Frühstück wird derweil von anderen Hausangestellten bereitet. Während sich die Familie im Speiseraum bei fröhlicher Unterhaltung vom Butler bedienen lässt, eilt das übrige Personal in die Schlafzimmer. Sie räumen auf, richten die Betten und entleeren das Nachtgeschirr. Wer tut was wann? Flo ist neugierig.

Sie begreift, dass eine strenge Zeiteinteilung nötig ist, um den Betrieb den ganzen Tag über in bester Ordnung zu halten. Jeder der Angestellten muss seine Pflichten nicht nur gewissenhaft erfüllen, sondern auch zur festgesetzten Zeit. Etwa vierzig Personen haben genug zu tun, um der Herrschaft das Leben angenehm zu erhalten. Dazu gehören außer dem Hauspersonal auch die Mädchen in der Spülküche, der Gärtner, die Stallburschen und der Kutscher.

Flo entdeckt, dass es unter den Bediensteten eine hierarchische Ordnung gibt: drei Personen an der Spitze – der Butler, der Hausverwalter und der Koch – haben eine Art militärische Befehlsgewalt. Flo hält ihre Beobachtungen in Skizzen, Zeittafeln und Tabellen fest. Wie gut, denkt sie, dass hier so viele Menschen arbeiten, essen und schlafen, anstatt auf der Straße zu liegen. Es könnten auch noch mehr Diener mit Arbeit versorgt werden, stellt sie fest, als ihr die vielen Verwandten in den Sinn kommen, die regelmäßig zu Besuch erscheinen: die Großeltern, fünfundzwanzig Onkel und Tanten, Dutzende von Cousins und Cousinen – Flo hat einen Familienclan, der sich sehen lassen kann – und eine Lieblingscousine: Hilary Bonham-Carter.

Ein paar Ferientage ohne Parte bei Hilary in »Fair Oak«, dem Landsitz der Bonham-Carters in der Grafschaft

Hampshire, wiegt jede Einsamkeit, jedes Unbehagen auf, aber solche Urlaube sind immer viel zu kurz.

Wenn Flo ganz alleine verreist, darf sie neben dem Kutscher Charles auf dem Bock sitzen – natürlich erst, wenn die Kutsche für ihre Eltern nicht mehr sichtbar ist. Dann sagt Charles: »Brrrrrrrrrrr!«, und die Pferde stehen still. Flo klettert aus dem Wagen und steigt zu Charles auf den Bock. Und er erzählt ihr alles, was sie über die Armen wissen möchte, und über die anderen Hausdiener. Der Kutscher Charles ist ihr bester Freund, aber Mama darf das nie erfahren!

Die Jahre vergehen, und mit ihnen eine Kindheit in Reichtum und Überfluss auf allen Ebenen, aber unbeschwert oder gar glücklich war Florence nicht. Sie reift zu einer jungen Dame heran, die sich, wenn auch lustlos, auf internationalem Parkett sicher bewegen kann.

Lieber sterben als in diesen langweiligen Salons herumsitzen!

Kurz nach ihrem fünfzehnten Geburtstag überrascht William seine Familie mit der Nachricht, dass er sich um einen Sitz im Parlament bemühen will. Fanny und Parte sind voller Hoffnung. Parte denkt, dass es für sie günstig wäre, wenn Papa keine Zeit mehr zum Unterrichten habe. Und Fanny? Sie sieht sich im Geiste in Gesellschaft der prominentesten Persönlichkeiten Englands.

Flo hofft im Stillen, dass es ihm nicht gelingen wird, denn sie will ihren geliebten Lehrer nicht hergeben – und ihr Wunsch geht schließlich in Erfüllung! William erleidet eine deutliche Niederlage. Die Verwandtschaft klagt darüber, dass die Zeitumstände für WEN ungünstig seien, William sei zu ehrlich, um in der Politik zu bestehen. Er selbst hängt seitdem mehr als zuvor seinen philosophischen Gedanken nach – in der Abgeschiedenheit des Waldes. Und Fanny stürzt sich ins gesellschaftliche Leben, um Williams Niederlage auszugleichen. Jetzt ist wohl bald der Zeitpunkt gekommen, Embley Park weiter auszubauen.

Flo findet es lästig, dass Mama und Parte nur noch ein Thema haben: der Umbau. Sollen die Decken in Hellgrün oder in Rosé gehalten sein? Soll der Stuck weiß abgesetzt werden – oder golden? Was wirkt bei den Vorhängen besser, Samt oder Seide? Welcher Meister soll die Deckenleuchten herstellen? Parte hat einen ausgefallenen Geschmack und sie liebt künstlerisches Gestalten.

Flo verzieht sich gerne. Manchmal sucht sie die Stute Peggy und ihr inzwischen vierjähriges Fohlen Polly auf. Sie wittern einen Ausritt und begrüßen wiehernd die junge Herrin. Polly kann es kaum erwarten, bis sich das gertenschlanke Mädchen in den Sattel schwingt und auf ihrem Rücken davongaloppiert.

Eines Abends äußert Flo doch tatsächlich, sie sei das eintönige Leben von Embley leid.

Fanny ist entsetzt. »So spricht doch keine Fünfzehnjährige, die allen Grund hätte, froh und dankbar zu sein!«

WEN möchte wissen, was Flo bewegt.

»Ich bin so traurig, weil wir Mädchen nicht studieren dürfen. Ich möchte so gerne etwas Nützliches tun, einen richtigen Beruf ergreifen.«

William spürt schon lange, dass Flo einen Kummer mit sich herumträgt. Aber kann er ihr helfen? Sich auf Flo's Seite zu stellen, würde bedeuten, dass Fanny ihm die Freundschaft kündigt. Und er selbst ist auch nicht überzeugt, dass seine schöne Tochter unverheiratet bleiben sollte. Wozu gibt er sich diese Mühe, ihr eine höhere Bildung zu bieten? Sie hat alle Voraussetzungen für eine gute Partie, und sie wird eine exzellente Gastgeberin werden ...

WEN räuspert sich: »Du bekommst eine gute Bildung, liebes Kind, um später in den Salons im Gespräch über Politik und Kunst, Literatur und Philosophie deinen Beitrag geben zu können. Es schickt sich nicht für Frauen unseres Standes, einen Beruf auszuüben.«

»Aber Tante Julia und Tante Mai ...«

»Sie beschäftigen sich mit unschicklichen Fragen, Flo. Sie werden dadurch nur unglücklich.«

Da vertraut Florence ihrem Tagebuch an: »Das Glänzen mit Wissen genügt mir nicht. Ich will – nein, ich muss – etwas Nützliches tun. Lieber will ich sterben, als in diesen langweiligen Salons herumzusitzen! Tante Julia und Tante Mai sind die Einzigen, die mich verstehen können. Sie müssen mir helfen, meine Eltern zu überzeugen.«

Tante Mai versucht es mit Nachdruck. Sie kennt die Träume ihrer Nichte. Flo ist ein Mathematikgenie. Ihr Cousin Henry hat sie mit seiner Begeisterung für die Naturwissenschaften angesteckt. »Warum lasst ihr Flo nicht Mathematik studieren?«, schreibt Mai nach Embley Park.

Fanny ist entrüstet. »Eine Dame und Mathematik? Das ist wie eine festliche Abendgesellschaft mit Selbstbedienung!«

Papa greift sich ans Kinn. »Mathematik? Wie abwegig! Warum nicht Geschichte oder Philosophie, wenn es denn unbedingt ein Studium sein müsste?«

Fanny hat für ihre schöne Tochter ganz andere Pläne: »Flo hängt immer mehr ihren trüben Gedanken nach«, stellt sie fest. »Ich meine, sie müsste hinaus in die weite Welt. Das Leben bietet so viel Aufregendes und Sehenswertes ... Wie wäre es, wenn wir mit den Töchtern nach Italien reisten? Sie sollten doch unbedingt das Land ihrer Geburt kennenlernen, meinst du nicht auch, William?«

Der Vater wiegt den Kopf hin und her. »Aber du wolltest doch Embley Park erweitern, Fanny, alles auf einmal geht nicht!«

»Warum denn nicht? Ich finde es sogar sehr günstig, alles gleichzeitig zu machen. Wir müssen nur gute Bauleute finden und ihnen einen genauen Bauplan liefern – das würde ich gerne besorgen, darum brauchst du dich nicht zu kümmern. Stell dir vor, wir kommen zurück, und alles ist geschafft! Und dann können wir endlich die Türen unseres Hauses weit öffnen und unsere Töchter in die Gesellschaft einführen. Den beiden würde eine Abwechslung sicher guttun, besonders Florence. Sie wird aus Italien gut gelaunt zurückkehren.«

William hätte lieber seine Ruhe, aber es fehlt ihm ein überzeugendes Gegenargument. »Wenn du meinst, Fanny«, gibt er zurück, »vielleicht ist es nützlich, wenn die beiden in Italien den letzten Schliff bekommen, bevor die Bälle beginnen.«

Parte jubelt. Sie ist hellauf begeistert, fast ein ganzes Jahr in Frankreich und Italien zu verbringen. Auch Florences Stimmung scheint sich aufzuhellen, aber das hat einen anderen Grund. Sie darf seit einigen Tagen Krankenschwester sein. In London grassiert die Grippe. Kaum jemand wird davon verschont. Flo und der Koch Norman sind die Einzigen, die auf den Beinen bleiben. Flo fühlt sich wie ein Fisch im Wasser, während sie ihr kleines Lazarett mit fünfzehn kranken Angestellten versorgt. Endlich ist sie bei sich selbst! Was für ein Glück, Kranken Hilfe zu leisten, ihnen Mut zuzusprechen, Gutes zu tun, sie mit einem frisch gepflückten Blumenstrauß oder einer Geschichte zu erheitern! Allerdings findet Flo es abwegig, dass sie sich freut, wenn sie Kranke pflegen darf. Besser wäre es doch, sie würden gesund bleiben!

»Warum darf ich mich nicht in einem Krankenhaus nützlich machen?«, kritzelt sie auf einen Zettel.

Nun, wenn das nicht sein kann, warum dann nicht wenigstens Krankenhäuser studieren? Florence beginnt, sich mit der Organisation von großen Krankenhäusern zu befassen, lässt sich Baupläne schicken, stellt sich die Arbeitsabläufe auf den Stationen vor. Sie ist inzwischen siebzehn Jahre alt.

Eines Tages erlebt sie etwas, das sie mit niemandem teilen möchte, weil es ihr zu kostbar erscheint. Sie steht am Fenster ihres Zimmers und schaut in die Ferne. Viele Gedanken gehen ihr durch den Kopf. Plötzlich vernebelt sich das Bild vor ihren Augen. Sie sieht Lea Hurst vor sich, dann Embley Park, ihre Freundinnen und ihren Reichtum – aber dann ändert sich die Szene: Sie sieht die Armen, die ihr in London und auf den Dörfern begegnet sind. Dann wieder tanzen lachende Gesichter an ihr vorüber. Sie erkennt die jungen Männer, die sie auf den Hausbällen kennengelernt hat. Und über alledem steht wie eine Wolke die Frage: »Was werdet ihr mit eurem Leben anfangen? Was werdet ihr tun – für die Armen?« Plötzlich hört sie eine Stimme. Sie fährt erschrocken herum, doch niemand ist zu sehen. Aber die Stimme ist noch da! Flo hört sie klar und deutlich sprechen, und sie weiß in dem Moment, dass es Gott ist. Es gibt keinen Zweifel! Überglücklich stürmt sie hinaus ins Freie. Am Abend schreibt sie einen einzigen Satz ins Tagebuch: »Heute, am 7. Februar 1837, hat Gott mich in seinen Dienst gerufen.«

Flo ist jedoch verwirrt. Warum redet er nicht deutlicher? Warum ruft er sie, während sich die Familie für eine lange Reise rüstet?

Das bevorstehende Ereignis ist für Florence ohnehin ein Albtraum. Sie hat keine Lust, sich an den Vorbereitungen zu beteiligen: Briefe schreiben, Einladungsschreiben beantworten, Kleider anprobieren. Welche Bücher soll man mitnehmen? Was sollen die Mädchen in Italien studieren? Welches Personal wird sie begleiten? Die Debatten nehmen kein Ende.

Die Hektik im Haus wird ihr unerträglich, Flo zieht sich zurück. Und ihre Träumereien am Fenster enden in einem kurzen Gebet: »Und doch, o Gott, hast du mir noch nicht gesagt, was ich tun soll.«

Mit der Kutsche durch Europa

MIT DIESER UNGEWISSHEIT im Herzen wird die siebzehnjährige Florence die Europareise antreten. Kurz vor dem Aufbruch stirbt König William IV. »Um Himmels willen«, ruft Mama, »dann wird ein neuer König gekrönt, und wir können nicht bei den Feierlichkeiten dabei sein!« Man spricht jetzt viel über die Nichte des Königs, die junge Victoria, die gerade achtzehn Jahre alt geworden ist. Der König soll vor seinem Tod entschieden haben, dass sie seine Nachfolgerin wird.

WEN hat eine riesengroße Kutsche bauen lassen, in der man richtig wohnen kann, schreiben, essen und schlafen. Sogar auf dem Dach gibt es Sitzplätze. Vier Diener sollen dafür sorgen, dass die Familie die gewohnten Annehmlichkeiten nicht entbehren muss. Sechs starke Gäule braucht man, um das Ungetüm in Bewegung zu bringen Sie werden von Postillions geritten und schaffen etwa sechseinhalb Kilometer in der Stunde, wenn die Straßen gut sind.

Am 8. September 1837 beginnt für die Nightingales das große Abenteuer. Von Southampton aus überqueren sie auf der »Monarch« den Ärmelkanal. Flo kann nicht schlafen und läuft unruhig an Deck hin und her. »Es ist mir zu stürmisch«, sagt sie, als ein Matrose sie anspricht.

»Das nennen Sie stürmisch, Mylady?«, lacht der Mann. »Soll ich Ihnen eine richtig gute Sturmgeschichte erzählen? Vor vier Jahren habe ich auf der ›Amphitrite‹ gedient.«

»Meinen Sie etwa das Schiff, das untergegangen ist?«

»Ganz richtig – mit Mann und Maus, Mylady.«

»Und Sie haben es überlebt!«

»Ja, wir Seeleute haben uns retten können.«

»Und was war mit den Passagieren?«

»Der Kapitän erlaubte nicht, dass sie mit Rettungsbooten an die Küste gebracht wurden, weil sie Strafgefangene waren – hundertdrei Frauen und zwölf Kinder. Das Schiff war auf Grund gelaufen und die Brandung schlug es entzwei.«

Florence schaudert: »Ja, ich erinnere mich, ich habe die Nachricht in der ›London Times‹ gelesen, aber meines Wissens habe ich nicht erfahren, dass die Passagiere hätten gerettet werden können.«

Der Matrose will der jungen Dame mehr von seinen Heldentaten beim Untergang der »Amphritite« erzählen, aber Flo hat kein Ohr dafür. So geht England mit den »minderwertigen« Menschen um, denkt sie und schämt sich zutiefst, eine Tochter dieses Landes zu sein.

Die Pferde zockeln mit ihrer kostbaren Last durch Frankreich bis zum Mittelmeer. Florence und Parte sitzen meistens auf dem Dach, um dort eifrig Tagebuch zu schreiben oder zu malen. Flo interessiert sich für alles: für den Charakter der Landschaft, die Bebauung des Bodens, die Kirchen und Kapellen und nicht zuletzt für die Lebensweise der Bewohner.

Die Reise durch Frankreich allein dauert drei Monate. Abends, wenn sich das Auge sattgesehen hat und die Dämmerung hereinbricht, kehrt die zwölfköpfige Reisegesellschaft erwartungsvoll in einer »Herberge zur Nacht« ein. Viele Übernachtungen sind nötig, und die Hotels sind nicht immer so komfortabel, dass man gerne bliebe. »Veni, vidi, wanzi«, schreibt WEN nach einer solchen notvollen Nacht ins Gästebuch, in Abwandlung des Spruchs von Cäsar: »Ich kam, sah und siegte.« Hier und da dürfen sie jedoch Gäste in gepflegten Häusern sein, und manchmal legen sie eine längere Pause von mehreren Tagen ein. Wer zum Adel gehört, hat weltweit Freunde, die ihre Häuser öffnen, ja sogar einen Ball für die Gäste organisieren, um besondere Persönlichkeiten miteinander bekannt zu machen.

Über Nizza geht es weiter die Küste entlang bis nach Italien. Dort meldet sich bereits der Vorfrühling mit seinen kleinen bunten Blumen am Wegrand. Die toskanische Landschaft ist von einem zarten Grünschleier überzogen. Die Tulpenbäume sind bereits aufgesprungen. Mandelbäume blühen und färben weite Flächen rosafarben. In den Kronen der uralten Olivenbäume spielt der Frühlingswind und versilbert die Haine. Noch sind die weiten Weinfelder braun. Lange wird es nicht dauern, dann treiben auch hier die Knospen der Weinreben.

Der Wagen rollt der Stadt entgegen, in der Flo's Wiege stand. Von Weitem grüßen bereits die Kirchtürme und die eiförmige rote Kuppel der Kathedrale. Der Arno schlängelt sich durchs liebliche Tal wie ein silbernes Band. Florenz, die Stadt der Medici, gilt derzeit als der geistige Mittelpunkt Italiens. Schon seit ewigen Zeiten ist diese malerische Renaissancestadt ein begehrtes Reiseziel für die Kunstliebhaber der britischen High Society.

Fanny freut sich auf das Domizil in der Nähe des uralten Ponte Vecchio. Sie werden direkt über den weltberühmten Juwelierläden einziehen. Von dort aus kann man alle Sehenswürdigkeiten leicht erreichen, und man lebt unmittelbar im Zentrum der vornehmen Gesellschaft.

Florenz – »die Blühende« – gab Flo den Namen. Mama erzählt, dass der Geistliche, der die Taufe vornahm, angesichts dieser Namensgebung hilflos war. Er hätte seine Ansprache gerne über eine berühmte Namensschwester gehalten, aber es war keine zu finden. »Doch«, sagten die Nightingales, »die Namensgeberin ist eine berühmte Stadt. Wir wünschen uns, dass diese mit blühenden Gärten und Künsten gesegnete Stadt dem Täufling Florence einen Abglanz ihrer Reize verleiht: heitere Aufgeschlossenheit und Schönheitssinn.«

Florence betrachtet jetzt mit klopfendem Herzen die kunstvolle Fassade ihres Geburtshauses, der »Villa Colombaia« in der Nähe der Porta Romana. Was für ein eigenartiges, heimeliges Gefühl erfasst sie! Mama deutet auf die zahlreichen hohen Fenster. Hier befanden sich die Schlafzimmer, dort hinter dem Erker mit den Täubchen auf dem Sims fanden die wunderbaren Bälle statt, und ganz hinten, etwas vorgebaut mit dem Balkon, lag das Herrenzimmer. Der Eingang wird von zwei harmlosen Löwen bewacht, und das schützende Dach über dem Portal steht auf vier schlanken Säulen. Das kleine Haus neben dem Eingang erscheint unverändert. Dort tat der treue Pförtner Emilio Dienst. Wie hat er sich damals über den Namen des neugeborenen »bambino« aufgeregt! »Florence?«, fragte er immer wieder irritiert. »Das ist doch kein Mädchenname! In der ganzen Welt gibt es diesen Namen nur ein einziges Mal – für unsere Stadt!«

Nun kommt zögernd ein hagerer alter Mann auf die Familie zu. »Womit kann ich Ihnen behilflich …« Plötzlich weiten sich seine Augen in freudigem Staunen: »Mamma mia! Das sind doch die Herrschaften aus England!«

»Emilio?«

Sein breites, zahnloses Lachen heißt die Fremden am alten Ort willkommen. Ein klangvoller Redeschwall ergießt sich wie ein munterer Wasserfall über die überraschten Gäste. Mit einer Gebärde des Bedauerns erklärt er, dass die Villa Colombaia bewohnt sei und dass er die englischen Herrschaften nicht hineinführen kann, aber in der Gartenlaube sei Platz zum Verweilen. Neugierige Kinderaugen spähen vom Garten her zwischen Zypressen und zart belaubten Oleanderbüschen durch das schmiedeeiserne Gitter des Zauns. Die fremden Leute sprechen ein merkwürdiges Italienisch, aber Emilio scheint sie zu verstehen. Nun verabschiedet er die Nightingales wortreich und unterwürfig mit vielen tiefen Verbeugungen.

Sein sprühendes Temperament hat besonders die jungen Damen aus ihrer Reserve gelockt. Fröhlich winken sie ihm zum Abschied aus der Kutsche zu. Florence ist nicht wiederzuerkennen. Ihre Wangen glühen. Sie spürt: An diesem Ort lacht sie das Leben an. Hier könnte sie wohl immer bleiben! Die Traurigkeit, die sie so lange beschwert hat, platzt wie ein alter Kokon von ihr ab, während der Kutscher die Pferde durch die altehrwürdigen Straßen mit ihren prächtigen Villen und imposanten Bauten lenkt. Florenz mutet sie an wie ein einziges riesiges Kunstwerk von Natur und Menschenhand. Mit dem Frühling erwacht hier auch das Leben auf den Straßen. Auf den Plätzen sitzen die alten Männer auf marmornen Bänken und freuen sich, dass die Sonne bereits ein wenig Kraft hat. Kinder spielen mit Katzen und Tauben, Zypressen wiegen sich im Wind, und die Händler mit ihren selbst gebauten und bunt bemalten Karren bieten lauthals ihre Waren feil. Pferdewagen und Eselskarren bahnen sich den Weg durch die belebten Straßen. Es rumpelt und holpert, Menschen rufen und eilen, promenieren und schwatzen, stehen an für das weiße, lange Brot. Kinder drängeln aus einem Schulgebäude, ein Schwarm Tauben fliegt laut flügelschlagend auf. Straßenkehrer kümmern sich um den frischen Pferdedung.

Nun lenkt der Kutscher den Wagen auf einen großen Platz und weist mit der Peitsche nach rechts. »Dort das große Gebäude, das ist die Oper. Sehen Sie das Plakat? Cosi van tutte – Mozart! Eine ganze Saison lang!«

Ja, Florenz verspricht ein Augen- und Ohrenschmaus zu werden. Parte wird mit ihrer Staffelei ins Freie gehen, und Flo will, so oft sie kann, die Oper besuchen. Mozart, Rossini, Donizetti … Sie ist verrückt nach Musik und wird Gesangsstunden nehmen. Fanny und William freuen sich auf interessante Bekanntschaften, denn die gemietete herrschaftliche Wohnung im Zentrum der Stadt erweist sich als bestens geeignet für kleine und große Empfänge.

Flo hat sich nicht träumen lassen, dass auch sie einmal die Hausbälle lieben wird. Hier in Italien ist sie wie verwandelt, weil die Menschen so unkompliziert und humorvoll einander begegnen. Keine Spur von Langeweile, keine Steifheit, stattdessen echte Heiterkeit, ansteckende Ausgelassenheit, inhaltsvolle Gespräche. Wie ein gerade geschlüpfter Schmetterling flattert Flo von einer Blüte zur andern. Ist Italien der Geburtsort der Lebenslust?

Ein kleiner Wermutstropfen mischt sich in ihr Glück: Sie weiß, dass sie diese jungen Leute, die sie in ihr Herz schließen möchte, eines Tages wieder verlassen muss. Es sind vorläufige Bekanntschaften, und es wird schmerzen, wenn es zurück nach England geht. Also wird Flo sich hüten, tiefere Freundschaften zuzulassen.

Und da ist auch noch die Sache mit dem Ruf Gottes. Manchmal erinnert sich Flo daran, und dann wird sie unsicher. Vielleicht hat sie sich das alles nur eingebildet? Sie geht in sich – nein, die Stimme war wirklich da, ganz real.

Eines Tages bittet sie den Kutscher, sie zum Wohnviertel der armen Leute zu bringen. Er schaut sie fragend und etwas besorgt an, aber er darf sich den Wünschen der Herrschaft nicht verweigern. Am Stadtrand geht es bergauf. Hier ist die Straße nicht mehr gepflastert. Mühsam zieht ein Esel seinen schwer beladenen Karren hoch. Aber er erreicht die Kuppe nicht. Es wird zu steil. Das Tier quält sich ab. Da rutscht die Holzladung nach hinten, der zweirädrige Karren kippt ab und nimmt an den langen Seitenstangen, die mit dem Sattelzeug des Esels verbunden sind, den hilflosen Esel mit in die Höhe. Eine kurze Weile schwebt das Zugtier in der Luft, dann kracht die Ladung auf die Straße und der Karren schnellt zurück. Mit einem Schrei landet das Tier am Boden. Es atmet schwer. Auch Florence musste schreien, zu schrecklich war das Schauspiel vor ihren Augen. Nun stockt ihr das Herz, als sie zusehen muss, wie der Tierhalter die Peitsche nimmt und auf das geschundene Wesen am Boden einschlägt. »Nein!«, schreit sie in Panik. »Finito, finito!« Sie ist aus dem Wagen gesprungen und stellt sich schützend vor das Tier. Das ausgemergelte Gesicht des kleinwüchsigen Italieners sieht zornig aus. Feindselige Blicke durchbohren sie. Ein Menschenauflauf entsteht, alles redet durcheinander, schimpft, gafft, gibt Ratschläge. »Was reden sie?«, fragt Flo den Kutscher. »Er soll ein Ersatztier besorgen, aber er hat kein Geld.« Flo hat Geld in der Tasche. Die Menge staunt.

Am Abend nach ihrer Erkundungsfahrt wirft sie sich aufs Bett. Auch sie ist abgestürzt. Gestern noch war sie im siebten Himmel, in der Mozartschen Oper, heute liegt sie auf dem harten Boden der Tatsachen. Es gibt auch hier in dieser wunderbaren Stadt nicht nur die heile Welt. Es gibt viel Elend, nur erscheinen die Armen kaum im Stadtbild. Und Flo hat auch erfahren, dass es eine Organisation gibt, die verzweifelt um mehr soziale Gerechtigkeit kämpft. Diese Leute muss sie unbedingt kennenlernen!

Parte will von ihren Erfahrungen nichts hören. »Warum begibst du dich auch in diese berüchtigten Gegenden! Verdirbst dir selbst den Spaß am Leben!« Sie zuckt die Schulter und lässt die Schwester mit ihren düsteren Gedanken allein.

Flo spürt, wie sie einem Denken in extremen Gegensätzen erlegen ist. Entweder sie befindet sich »oben« und genießt das süße Leben mit all seinen Annehmlichkeiten, oder sie folgt der Stimme ihres Herzens, die sie mit Macht zu den Armen zieht. Dazwischen scheint es für sie nichts zu geben. Was will Gott von ihr? Er hat sie zu einem Dienst an den Armen gerufen.

Will er sie in diesem herrlichen Land vielleicht noch einmal auf die Probe stellen und sie fragen, wofür ihr Herz wirklich schlägt? Sie muss daran denken, wie Jesus in der Wüste allen Versuchungen widerstanden hat, um schließlich seine Lebensaufgabe zu erfüllen. Soll das Leben in Florenz so etwas wie ihre »Wüste der Versuchung« sein?

Kann sie mit Papa darüber sprechen? Sie wünschte sich, er würde sagen: »Versuche, den Ausgleich zwischen ›oben‹ und ›unten‹ herzustellen. Genieße alles, was dir gehört, und dann setze deinen Reichtum und deine geistigen Gaben ein und teile sie mit den Armen. Es gibt viel zu tun, Florence. Das ist nur dem möglich, der über die Mittel verfügt – und über viel Weisheit.« Von so einem Vater kann ich nur träumen, denkt Florence, aber immerhin: Papa hat in letzter Zeit oft und lange mit dem Genfer Nationalökonomen Sismondi zusammengesessen, der mit seiner Gattin in Florenz weilt und sich nun anschickt, nach Genf zurückzureisen. Niemand weiß mehr über die Ursachen der Armut zu sagen als er. Von ihm erzählt man, wie er sich ganz persönlich um die Armen kümmert. Er hat auch mehrere volkswirtschaftliche Lehrbücher verfasst und setzt sich leidenschaftlich dafür ein, dass die Arbeiterschaft den Schutz des Staates vor den ausbeuterischen Maßnahmen der Unternehmer erhalten soll. Flos Eltern haben sogar Freundschaft mit dem Ehepaar Sismondi geschlossen, und man ist sich einig, dass man einander bald in Genf wiedersehen wird.

Flo ist das sehr recht, denn sie hat einen großen Sack voll Fragen, den wird sie in Genf öffnen, und der freundliche alte Herr im schlohweißen Haar wird ihr alles erklären können – und, wer weiß? Vielleicht steckt er ihre Eltern mit seiner Leidenschaft an?

Als in England am 28. Juni 1838 die junge Victoria zur Königin gekrönt wird, zieht es Fanny zurück in die Heimat. Sie will früh genug zu den gesellschaftlichen Veranstaltungen anlässlich der Hochzeit Victorias mit ihrem deutschen Cousin Albert von Sachsen-Coburg in London sein, denn es ist allerhöchste Zeit, die Töchter auch in Londons vornehme Gesellschaft einzuführen. Über Genf, wo die Familie bei Sismondis wohnt, geht es weiter nach Paris, dort ist ein Besuch bei Miss Clark geplant.

»Wer ist denn Miss Clark, Mama?«, fragt Florence unwirsch. Sie hat keine Lust auf diese langweiligen Besuche.

»Miss Clark? Nun, Bekannte sagten mir, diese Dame müsse man unbedingt kennenlernen. Sie habe in den Salons von Paris einen großen Einfluss auf alles, was irgendwie Rang und Namen hat. Sie sei außergewöhnlich interessant. Man nenne sie ›Clarky‹. Wir haben ein Empfehlungsschreiben, und sie hat uns eingeladen, bei ihr zu wohnen. Solche Gelegenheiten sollte man doch nicht ausschlagen, denn sie wird uns mit vielen namhaften Persönlichkeiten bekannt machen.«

»Mit wem denn?«

»Mit dem bekannten Orientalisten Julius Mohl, ihrem Freund – das ist der Mann, der die Krankenhäuser in Europa verbessern will. Und Madame Julie Recamier soll angeblich im Nachbarhaus wohnen. Sie ist in Paris derzeit die bekannteste Salondame, auch sie geht bei Miss Clark aus und ein. Allerdings, man erzählt, dass Clarky das schwache Geschlecht nicht besonders gut leiden kann. Die Frauen seien ihr zu dumm und zu gefühlvoll und sie würden nichts Gescheites auf die Beine bringen.« Das Letzte spricht Fanny geringschätzig mit gekräuselten Lippen aus. Flo horcht auf. Plötzlich brennt sie darauf, diese Frau kennenzulernen.

»Die Haustür steht offen, nanu? Warum hört man das Klingeln nicht? Wir sind doch schließlich angemeldet!« Fanny ist befremdet, als die kleine Reisegesellschaft in Paris an der Abbaye-des-Bois ankommt.

Flo betritt das Haus und horcht. »Da oben hört man Kinderstimmen«, sagt sie.

»Aber Miss Clark hat doch keine Kinder!«

Abwartend stehen die Nightingales im Hausflur – es ist unfein, einfach ein fremdes Haus zu betreten, aber was bleibt ihnen anderes übrig? Da kommt ein Butler. Er hat eine Saftkanne in der Hand und winkt die Besucher herein. »Lady Clark ist oben, Sie sind willkommen!«

Bei Clarky findet gerade ein Kinderfest statt. Sie selbst hopst und tanzt ausgelassen im Kreis fröhlicher Kinder und bemerkt zunächst gar nicht, dass der angekündigte Besuch in der Tür steht. Dann entdeckt sie die Nightingales, streicht sich das wirre Haar aus dem Gesicht und ruft ihnen zu: »Hereinspaziert! Hier ist Platz zum Tanzen für viele!« Die englischen Gäste bleiben steif stehen. Wo sind sie hingeraten? Nur Flo reiht sich in das muntere Treiben ein. Was wird Mama wieder denken? Und Parte?

Clarky ist zwanzig Jahre älter als Flo, aber sie wird in jenen Tagen ihre beste Freundin. Ihr kann das junge Fräulein das Herz ausschütten, und sie scheint Flo gut zu verstehen. In ihrem Appartement trifft man sich mit Historikern, Künstlern, Schauspielern und Wissenschaftlern jeder Richtung. Sie alle haben freien Zugang zu Clarkys Haus. Flo meint zu träumen, als sie eines Abends dem berühmten Schriftsteller und Politiker Chateaubriand gegenübersitzt, der aus seinen Memoiren liest.

Clarky spürt, was Flo empfindet, und sagt: »Ich habe meine Jugend in England verbracht. Da wäre ich lieber Galeerensklave als eine Frau gewesen. Ihr englischen jungen Damen tut mir wirklich leid – diese steifen Umgangsformen der feinen Gesellschaft!«

Als die Nightingales Paris verlassen, muss Clarky versprechen, möglichst bald einen Gegenbesuch in Embley Park zu machen. Für Flo hat sie ein besonderes Wort zum Abschied:

»Vertu dein Leben nicht, Florence! Gott hat mit dir in dieser Welt etwas vor. Ich fühle es. Sei bereit für die Stunde, in der Gott dich ruft!«

Flo ist überwältigt von dieser Begegnung in Paris. Sie vertraut ihrem Tagebuch an: »Was habe ich getan, dass ich die Freundschaft eines solch strahlenden Menschen verdient habe?«

Zum Nichtstun verurteilt

In England tauchen die Nightingale-Töchter in den Wirbel der Gesellschaften und Bälle ein. Parte und Flo gehören in diesem Jahr, am 24. Mai 1839, zu den Debütantinnen, die sich zum Geburtstagsempfang der jungen Königin vorstellen dürfen. Mit diesem aufregenden Ereignis werden sie in die erlauchte Gesellschaft eingeführt. Flo trägt ein weißes Kleid aus Paris. Die Etikette schreibt vor, dass die Kleider nacken- und schulterfrei sein müssen, und die Schleppe soll genau drei Meter lang sein.

Flo wartet mit der Schleppe über dem Arm zusammen mit vielen nervösen Debütantinnen, bis ihr Name aufgerufen wird. Sie lässt die Schleppe fallen, die sofort von Dienern ausgebreitet wird. Dann schreitet sie würdevoll mit stockendem Atem zum Thron.

Mit ihren großen blauen Augen betrachtet die junge Königin das fast gleichaltrige Mädchen. Flo hat gehört, Victoria sei ziemlich klein und ein wenig rundlich. Sie findet, ihr ovales Gesicht hat etwas Madonnenhaftes. Der lange, ausladende Faltenwurf ihres königlichen Seidenkleides versteckt Victorias Füße und kaschiert geschickt ihren kleinen Wuchs. In ihrem brünetten, hochgesteckten Haar funkelt ein kostbares Diadem, dazu harmoniert das zarte Rosé ihres Gewandes. Sie lächelt sehr freundlich. Ein Diener ruft laut Flo's Namen auf. Mit Anmut und Würde verbeugt sie sich im lange geübten Hofknicks. Zitternd nähert sie sich der Königin, um ihre blasse Hand zu küssen. Wie die Hand einer Puppe, denkt Florence. Jetzt tritt sie wieder zurück, um sich noch einmal zu verbeugen. Dann geht sie rückwärts aus dem Saal, die ganze Zeit den Blick auf die Königin gerichtet.

Draußen möchte sie am liebsten einen Freudenschrei der Erleichterung ausstoßen, aber dies ist erst der Anfang. Die beiden Nightingale-Schwestern tanzen und flirten die ganze Saison hindurch. Sie lassen mehr als fünfzig Bälle und Gesellschaften und genauso viele Einladungen zum Frühstück und Abendessen über sich ergehen.

Auf diesem Jahrmarkt der Eitelkeiten scheint Flo die schönste der jungen Damen zu sein. Ständig fordern glühende Verehrer sie zum Tanz auf. Am Ende dieser Saison ist Florence Nightingale, die schlanke junge Schönheit aus Hampshire mit den sanften grauen Augen, den rotbraunen Locken und dem warmherzigen Lächeln, bei den jungen Herren wohlbekannt. »Sicher bei allen jungen Herren aus ihrem Stand«, hebt die Mutter stolz hervor.

Flo tanzt in diesem Winter leidenschaftlich gern und erfährt dabei, wie es ist, bewundert und begehrt zu werden. Fast würde sie vor Glück und Zufriedenheit den Ruf Gottes ganz vergessen, wenn sie nicht spürte, wie brüchig dieses Glück auch sein kann. Nach langen Ballnächten bleibt ihr nichts als ein schaler Geschmack. Dieses Leben ohne Aufgabe ist ihrer tiefsten Natur zuwider. Oberflächliche Gespräche können sie nicht begeistern. Erwartungsvoll stürzt sie sich ins nächste Abenteuer, um wieder zu erfahren, dass es sie in die Selbstprüfung wegzieht. »Ich war viel zu stolz, um Bewunderung zu erjagen, aber ich fand Gefallen daran, wenn sie mir zufiel.« Dieser Spagat ist anstrengend, ja zermürbend.

In dieser spannungsgeladenen Zeit erhält sie einen Brief von Clarky. Darin ist von dem »endlosen Gefasel der Weibsbilder« die Rede. Clarky hat frank und frei schwarz auf weiß formuliert, was Flo sich nicht traut, auch nur zu denken. Flo ist tief berührt. So offen, wie Clarky ihre Gedanken und Gefühle mitteilen kann, so verschlossen zieht sie, Flo, sich vor den anderen zurück. Sie kennt kaum jemanden, der ihre Gedankenwelt ernst nehmen würde. Noch weniger einen Menschen, der sie versteht. In ihren Kreisen würde sie nur ein müdes Lächeln oder Empörung ernten. Gibt es denn in London keine Menschenseele mit einem Herzen für die Armen?

Auf den Festen versucht sie mehr und mehr, sich in männlicher Gesellschaft aufzuhalten, weil es sie viel mehr interessiert, worüber sie reden. Manchmal fragt Florence sich, ob es nicht besser sei, ihren Eltern von dem Ruf Gottes zu erzählen, aber dann denkt sie: Nein, sie würden mich zum Nervenarzt bringen!

Also betreibt sie weiter ihre Krankenhausstudien. Am liebsten würde sie jetzt ein richtiges Fernstudium in Mathematik beginnen, aber dazu fehlt ihr die Zeit, denn in Embley Park wird fast täglich gefeiert: Der Umbau ist ein Schmuckstück geworden! Abend für Abend werden auserwählte Gäste willkommen geheißen. Das bedeutet für Florence, zur Stelle zu sein, um sie mit belanglosen Gesprächen und vor allem mit Klavierspielen zu unterhalten – aber ja nicht mit Beethoven! Heiter soll es zugehen.

Unter den Gästen, die in Embley Park aus und ein gehen, ist das Ehepaar Bunsen. Freiherr Christian von Bunsen ist nicht nur Diplomat – preußischer Gesandter in London –, sondern auch ein namhafter Gelehrter. Er beherrscht so unterschiedliche Fächer wie Ägyptologie und Philosophie. Flo ist genauso fasziniert wie WEN, wenn Bunsen mit den Nightingales stundenlang debattiert oder aus seinem Leben erzählt, zum Beispiel von seiner Ägyptenreise an der Seite des berühmten Ägyptologen Carl Richard Lepsius. Sie fasst Vertrauen zu Bunsen und fragt ihn unter vier Augen: »Was kann der Einzelne tun, um die Not der Hilflosen und Armen zu erleichtern?«

Der Botschafter ist überrascht über diese Frage. »Sie sollten einmal nach Kaiserswerth reisen, Miss Florence«, rät er ihr.

»Kaiserswerth, was ist denn das?«

»Das ist ein Ort der Barmherzigkeit, in Deutschland, bei Düsseldorf am Rhein. Es gibt dort ein Krankenhaus und ein Waisenhaus, ein Erzieherinnenseminar, eine Lehrerbildungsanstalt und ein Mutterhaus, in dem Diakonissen ausgebildet werden.«

»Diakonissen?« Flo starrt ihn fragend an.

»Das sind unverheiratete Frauen, die ihr Leben den Armen und Kranken widmen – und sie leben in einer Gemeinschaft zusammen wie in einer großen Familie.«

»So ähnlich wie Nonnen in einem Kloster?«

»Nicht ganz so streng – aber sie führen ein einfaches Leben, um alles denen zu geben, die es nötiger brauchen. Ganz besonders aber bemüht man sich in Kaiserswerth um Mädchen, die straffällig wurden und von denen niemand mehr etwas wissen will. Unsere Tochter möchte sich dort ausbilden lassen.«

»Ihre Tochter?! Und Sie erlauben ihr das?« Flo schaut den gütigen Mann entgeistert an.

»Was macht Sie so sprachlos, Miss Florence?«, will der preußische Gesandte wissen.

»Nun, Ihre Tochter kommt aus gutem Hause, wie kann sie sich so erniedrigen und einen verachteten Beruf ergreifen wollen? Und wie stehen Sie zu ihrer Entscheidung?«

Bunsen muss lächeln. »Liebes Fräulein Florence, Kaiserswerth ist ein besonders gesegneter Ort. Die Schwestern, die sich dort ausbilden lassen, haben ausnahmslos den Wunsch, ihrem Leben eine sinnvolle Richtung zu geben, indem sie sich für die Armen und Verachteten einsetzen. Meine Frau und ich, wir freuen uns über die Entscheidung unserer Tochter. Unter der Leitung von Pastor Fliedner und seiner Frau wird sie dort nur Gutes lernen, und wir sind sicher, dass sie glücklich wird. Das Glück einer Frau besteht nicht immer in der Ehe, es gibt auch andere sinnerfüllte Lebenswege. Und warum sollten wir mit unserem Überfluss und unseren Gaben nicht einen Ausgleich für die Benachteiligten ermöglichen?«

Florence findet keine Worte. So deutlich hat bisher niemand ausgesprochen, was sie seit Langem bewegt. Waren ihre Ideen etwa doch keine Hirngespinste? Hier spricht ihr jemand aus dem Herzen, für den sie große Verehrung empfindet.

Sie senkt den Kopf, und in aller Höflichkeit erwidert sie: »Es würde mich interessieren, mehr über Kaiserswerth zu erfahren. Es wird jedoch nicht möglich sein. Meine Eltern würden mir nie erlauben, dorthin zu gehen. Sie wissen ja, der Schwesternberuf ist bei uns in England sehr verachtet. Es gibt wenig ehrenwerte Schwestern. Viele von ihnen sind Frauen, die sich dafür hergeben, weil ihnen ihr nächtliches Gewerbe nicht genug einbringt, weil sie irgendwie ihr tägliches Brot verdienen müssen. Und oft sind sie dem Alkohol verfallen, um ihr Elend zu betäuben. Manche bieten ihren Dienst im Hospital an, nur um nachts eine Schlafstelle zu haben. Entsprechend unwürdig geht es in den Krankenhäusern zu.«

»Ja, ich weiß, das Krankenhauswesen und die Ausbildung der Pflegerinnen liegen hier sehr im Argen«, bestätigt der Gesandte. »Die Krankenhäuser in England sollen schmutzig und immer überbelegt sein.«

Florence nickt: »Wir könnten dringend einen Pastor Fliedner in England brauchen.«

Dann vergisst Flo Kaiserswerth vorübergehend, denn ihr Heimatland nimmt sie gerade sehr in Anspruch. England geht in jenen Jahren durch das traurigste Jammertal seiner langen Geschichte. Später nennt man dieses Jahrzehnt des 19. Jahrhunderts »die hungrigen Vierziger«. In den großen Städten sucht die arme Landbevölkerung nach Arbeit. Frauen verkaufen ihre Körper, um nicht zu verhungern. Nach zwei Missernten sind die Preise für Kartoffeln und Getreide in schwindelnde Höhen gestiegen. Die Arbeitslosigkeit wird immer schlimmer. Die Väter und Mütter schreien nach Brot. Wenn die Familie Nightingale mit der Kutsche unterwegs ist, wird diese oft von bettelnden Menschen angehalten, die sich um ein paar Kupfermünzen prügeln.

»Die Ärmsten«, flüstert Fanny und Tränen stehen ihr in den Augen. »Warum lässt Gott so viel Leid zu?«

Florence ist nicht weniger schockiert. Sie denkt: Warum werfen die Eltern keine Silbermünzen? Und sie fragt sich, was sie tun kann, um diesen Armen zu helfen.

Der Stimme des Herzens folgen

Von nun an halten keine zehn Pferde sie im vornehmen Lea Hurst, sie muss hinaus zu den Hütten der Armen in Wellow. Das Dorf liegt nur einen Steinwurf weit von Embley Park entfernt. Täglich trägt sie Körbe mit Essen, Medikamenten und Kleidung zu den Allerärmsten. Unterwegs pflückt sie Blumensträuße für ihre »Patienten«. Wenn sie am Dorfeingang um die Ecke biegt, rennen die Kinder nach Hause, um ihr Kommen anzumelden. Ein kleines Mädchen stellt sich ihr in den Weg. »Miss Florence, bitte kommen Sie heute zu uns, meine Mutter hat hohes Fieber, und unser Baby schreit, weil sie keine Milch mehr hat.«

In einer anderen Hütte liegt der Vater im Delirium. Im

Krankenzimmer riecht es modrig, und es ist kalt und feucht. Die Fensterscheiben sind durch Pappe ersetzt, es zieht gewaltig.

»Was ist passiert?«, fragt Flo.

Der Frau steht die Verzweiflung im Gesicht: »Er war in London auf der Suche nach Arbeit. Als er zurückkam, lag er wie tot auf dem Pferdewagen. Die Pferde fanden allein den Weg nach Hause.«

»Und was hat der Arzt gesagt?«

»Arzt? Wir können keinen Arzt bezahlen. Auch keine Medizin. Unsere vier Kinder hungern. Nur der Älteste wird satt, beim Militär. Und einen kleinen Sold schickt er nach Hause, davon müssen wir leben, wenn George nicht gesund wird.«

Fanny hatte zunächst versucht, Flo am Verlassen des Schlosses zu hindern und mit sinnlosen Aufgaben zu beschäftigen – da ist die Tochter heimlich durch den Hinterausgang davongelaufen. Keine Macht dieser Welt konnte sie hindern! Nun gibt die Mutter ihr widerwillig, was sie für die Hausbesuche erbittet, immer in der Hoffnung, dass ihre widerspenstige Tochter eines Tages diese »pubertäre Marotte« überwinden wird.

Heute ist Flo jedoch nicht zum Essen erschienen. Wo mag sie so lange stecken? Fanny ist sehr verärgert. Zärtlich nimmt sie Partes Arm. »Komm, mein liebes Kind, wir werden heute ohne sie essen. Nur gut, dass wenigstens eine meiner Töchter noch Achtung vor den Eltern hat. Flo kann wohl nicht anders, als immerzu nur noch an dieses elende Pack zu denken.«

»Und für mich hat sie nie Zeit. Mit Dienstboten und Tagelöhnern gibt sie sich lieber ab. Es ist wirklich entsetzlich. Und dabei weiß sie doch, dass ich krank bin und mich nicht aufregen darf!« Parte ertrinkt schier in Selbstmitleid.

Ja, heute hat Flo sich gehörig verspätet. In aller Eile macht sie sich frisch und trägt jetzt ein neues, raschelndes Seidenkleid. Höflich entschuldigt sie sich am Esstisch bei ihrer Mutter. Fanny schaut sie nicht an, hält vielmehr den Blick auf das Dienstmädchen gerichtet, das ihr gerade die Platte serviert. »Nach Kranken sehen – zumal nach solchen –, schickt sich nicht für eine Dame.«

WEN hat seine Unterlippe vorgeschoben, wie er es tut, wenn er in Verlegenheit gerät.

»Aber Mama …«, beginnt Florence.

»Ich will kein ›Aber‹ hören!«, schneidet ihr die Mutter das Wort ab. »Dein Benehmen ist unerhört, du bist in unseren Kreisen schon das Tagesgespräch! Eine Nestbeschmutzerin bist du!« Fanny hat sich tüchtig echauffiert.

Parte kommt ihr zu Hilfe: »Es fehlt jetzt nur noch, dass du sagst, du wolltest Krankenpflegerin werden!«

»Und wenn ich es tatsächlich will?«

Das ist zu viel! Fanny Nightingales Gesichtszüge erstarren. Sie erhebt sich vom Tisch. Ihr Mund wird ein Strich, und sie wirft ihrer Tochter mit eisigem Ton die Worte vor die Füße: »Du bist tief gesunken, Florence! Es ist entsetzlich, ganz entsetzlich.«

Dann rauscht sie, von Parte gefolgt, hoheitsvoll hinaus. Fannys Worte aber bleiben zurück wie dicke Steine, die zu schwer sind, als dass Flo sie aus dem Weg räumen kann.

Sie denkt: Eigentlich hat Mama wirklich recht. Es ist doch bekannt, dass die Pflegerinnen in den Krankenhäusern ein liederliches Leben führen, dass sie von Pflege nichts verstehen und nur zum Aufwischen und Reinemachen gut sind – und zum Entleeren der Toiletteneimer.

Aber Flo weiß auch, dass es in den katholischen Krankenhäusern Frankreichs würdiger zugeht. Clarky hat ihr erzählt, dass in Frankreich oft Nonnen diesen Dienst versehen, und nicht, um Geld zu verdienen, sondern aus Nächstenliebe. Warum gibt es so etwas bei den Evangelischen nicht? Herr von

Bunsen hat ihr von Kaiserswerth erzählt. Ja, in Deutschland ist man in dieser Sache auch weiter fortgeschritten. Pastor Fliedner hat den Berufsstand der Krankenpflegerinnen gründlich verbessert. In England wird sich nichts verändern, solange sich niemand darum bemüht, einen geachteten, wirklich sinnvollen Beruf daraus zu machen.

Flo grübelt. Liegt hier nicht eine schöne und große Aufgabe? Ja, tatsächlich, das ist es! Florence geht ein Licht auf – sie sieht ihren Weg deutlich vor sich. Wenn es in England niemanden wie Pastor Fliedner gibt, warum sollte sie es nicht versuchen? Sie trifft eine Entscheidung: Auch wenn sie in ihrem Bekanntenkreis einen Sturm der Entrüstung auslösen wird, auch wenn sie ihre Eltern zutiefst verletzen muss – sie ist entschlossen, diesen Weg zu gehen. Jetzt ist sie ganz sicher, dass dies Gottes Auftrag an sie ist. An Clarky schreibt sie:

»Ich werde mir nehmen müssen, was ich nicht bekomme!«

Zunächst bleibt dieser Sturm der Entrüstung in der Bekanntschaft aus, denn Fanny versteht es, der Tochter die Flausen auszutreiben – wie sie meint. Sie überschüttet Florence mit Vorwürfen, schilt sie eine undankbare Tochter, oder sie übersieht sie einfach. Fanny setzt auf die Waffe des Schweigens, dann deckt sie die Tochter mit Pflichten ein, um sie auf andere Gedanken zu bringen. Sie überträgt ihr die Aufsicht über die Speisekammer und Wäschevorräte.

Im Hause Nightingale baut sich eine unerträgliche Spannung auf. WEN findet immer öfter einen Vorwand, das Weite zu suchen. In London gibt es stets etwas Nützliches zu tun.

Florence fühlt sich alleingelassen, sie wünscht sich nichts sehnlicher, als dass Mama sie versteht und bestätigt. Sie quält sich so sehr, dass sie schließlich zusammenbricht. Sie kann nicht mehr essen noch schlafen. Kopf und Magen schmerzen ihr, das Leben ist zur Hölle geworden – und ein Ende dieser Qual ist nicht abzusehen.

Gute Freunde

SELINE UND CHARLES Bracebridge gehören zu den engen Freunden, die im Haus Nightingale aus und ein gehen. Ihnen ist nicht entgangen, wie notvoll dort das Zusammenleben geworden ist. Sie selbst haben eine Italienreise geplant.

»Flo würde eine Trennung von ihrer Familie guttun, Charles, was meinst du?«, fragt Seline.

Charles hat nichts dagegen, wenn die junge, wache Florence diesen besonderen Urlaub mit ihnen teilt, und auch die Nightingales stimmen gerne zu.

Italien? Florence hat so schöne Erinnerungen an dieses sonnige Land. Während sie die Abreise vorbereitet, blüht sie sichtlich auf. Diese wunderbaren Galerien und bezaubernden Konzerte! Das strahlende Licht über der Ewigen Stadt! Die fröhlichen, unkomplizierten Menschen! Die munteren Tauben auf den Plätzen! Die warme Sonne! All das darf Flo noch einmal genießen, dazu in Gesellschaft von Freunden, die ihrer Gedankenwelt nahestehen. Flo wartet ungeduldig auf den Tag der Abreise. Die Bracebridges reisen auch in der Kutsche, aber in Frankreich werden sie bereits hier und da Dampfzüge sehen, die das Reisen gewaltig erleichtern. Mehrere großräumige »Kutschen« sind aneinandergekettet, und vorne zieht eine Dampfmaschine den langen Zug mit vielen Fahrgästen so rasch, dass auch der schnellste Läufer nicht mithalten kann – was für ein Wunder der modernen Technik!

Am Abend des 9. November 1847 kommt die kleine Reisegesellschaft an ihrem Ziel an.

Flo ist in Rom! Am nächsten Morgen wacht sie früh auf. Das Haus liegt noch in tiefem Schlaf. Eilig macht sie sich fertig, um den Petersdom zu sehen. Kreuz und quer läuft sie durch die Straßen. Als sie auf dem Petersplatz ankommt, taucht die Morgensonne die Domfassade gerade in goldenes Licht. Es herrscht eine friedliche Stille dort – nur die Tauben warten gurrend auf die Brotkrumen der Besucher. Dann betritt Flo ehrfurchtsvoll den Dom. Ihrer Familie schreibt sie: »Kein Ereignis in meinem Leben, außer wenn ich einmal sterbe, kann gewaltiger sein als das Betreten des Petersdoms. Ich musste dies ganz alleine tun. Kaum ein Mensch war da, nur ich ganz allein. Ich kniete nieder, weil ich die Gegenwart Gottes spürte ...«

Immer wieder zieht es Flo an diesen heiligen Ort und zum Vatikan. Besonders hat es ihr die Sixtinische Kapelle mit ihren berühmten Deckengemälden angetan. »Ich hätte nie gedacht, dass man direkt in den offenen Himmel schauen kann«, schwärmt sie.

Sie unternimmt faszinierende Streifzüge in die Stadt und ihre Kirchen. In ihrer gründlichen Art arbeitet sie mit Bleistift und Skizzenblock, um die Eindrücke besser zu verarbeiten.

Eines Tages kommt sie tief beeindruckt zurück. Was hat sie entdeckt? Einen prachtvollen Herrn! Ihre Augen sprühen vor Begeisterung.

Seline Bracebridge ist entsetzt: »Hast du dich etwa von einem dieser abenteuerlustigen Italiener anschwatzen lassen?«

Florence kichert. Sie genießt es, die Lady auf die Folter zu spannen. »Keine Angst, er ist Engländer, das erkennt man sofort.«

Immer noch schaut Seline Bracebridge sie skeptisch an.

»Er ist an all den Dingen interessiert, die auch mich ...«

»Meine liebe Florence!«

»Bitte, bitte«, lacht Florence, »er ist verheiratet ...«

Jetzt ist das Maß aber voll. Die Lady stemmt die Hände in die Seiten und holt tief Luft.

»... und er ist nicht nur verheiratet, er ist auch in Begleitung seiner Frau, einer wunderbaren Dame. Elizabeth heißt sie, und sie sind auf ihrer Hochzeitsreise hier in Rom.«

Für Flo beginnt die Zeit in Rom ein Genuss zu werden. Sie

begleitet das junge, kunstliebende Paar Sidney und Elizabeth Herbert in die Galerien, Konzerte und Kirchen. Manchmal reiten sie gemeinsam aus. Seline Bracebridge fühlt sich geehrt, wenn die Herberts bei ihr hereinschauen. Sie schreibt einen begeisterten Brief an die Nightingales, in der Gesellschaft dieser neuen Freunde gehe es ihrer Tochter so gut wie lange nicht. Sie erzählt, dass Elizabeth aus einem sehr reichen Haus stamme und dass Sidney Herbert am Anfang einer vielversprechenden Laufbahn als Politiker stehe. Sie, die Nightingales, sollten diese prächtigen Menschen unbedingt kennenlernen!

Meine Eltern werden entzückt sein, wenn sie das lesen, denkt Florence. Sie werden sofort eine Einladung ergehen lassen! Dann gleitet ein Lächeln über ihr Gesicht. Aber was wird Mama sagen, wenn sie entdeckt, dass die Herberts genauso wie ich darauf versessen sind, den Armen und Kranken zu helfen?

Sechs Monate darf Florence in Rom bleiben. In dieser Zeit befasst sie sich eingehend mit dem katholischen Glauben. Sie findet ihn anziehend, weil diese Kirche mehr für die Armen tut. Warum hat ihre anglikanische Kirche sich bisher um die Armen nicht gekümmert, ja sogar ihr Hilfsangebot ignoriert? Flo erwägt vorübergehend ernsthaft, überzutreten. In einem Frauenkloster darf sie ein paar Tage mit Exerzitien verbringen. In einem Vier-Augen-Gespräch mit der Äbtissin ist sie sich ihres inneren Auftrags gewisser geworden.

Der Frühling hält schon Einzug, als die drei die Ewige Stadt im März 1848 verlassen. Zu den Bracebridges hat sich eine wunderbare Freundschaft entwickelt.

Wenig später steht Europa in Flammen – in seinen Hauptstädten erheben sich die Menschen mit Forderungen nach mehr Freiheit und mehr sozialer Gerechtigkeit. In Italien verlangen sie vor allem die Befreiung von fremder Herrschaft.

Florence hat seit ihrem ersten Italienbesuch mit Spannung und großer Anteilnahme verfolgt, wie die arme Bevölkerung Italiens ihren Widerstand gegen ungerechte Machtherrschaft organisiert hat. Nun schreibt sie in einem Brief an ihre Pariser Freundin Mary Clark: »In den Straßen sollten sie kämpfen, Zoll um Zoll verteidigen, bis der letzte Mann an seiner Barrikade fällt, bis St. Peter zusammenstürzt, bis der Vatikan in die Luft fliegt. Wenn ich jetzt in Rom wäre, würde ich die Erste sein, die die Brandfackel in die Sistina wirft, und Michelangelo würde rufen: ›Recht so!‹, wenn er sein Werk zerstört sähe.«

Florence strahlt zu Hause zunächst große Zufriedenheit aus. Ihre alten Freunde brennen auf ihre Berichte aus Rom, und ihre neuen Freunde, die Herberts, freuen sich auf ein Wiedersehen in Embley Park.

Fanny nimmt zufrieden die positive Veränderung ihrer Tochter wahr. »William, es war eine gute Entscheidung, sie nach Italien zu schicken.«

WEN nickt: »Unser wilder Schwan scheint wirklich ein Adler zu sein, Fanny, man muss sie loslassen, wenn es ihr gut gehen soll.«

»Oder ihr zur passenden Gesellschaft verhelfen! Hast du bemerkt, wie sie neulich auf die Gegenwart von Richard Milnes reagierte? Ich habe sie selten so fröhlich gesehen! Sie waren so tief im Gespräch, dass sie die Zeit vergaßen. Dieser Mann wäre eine exzellente Partie für Flo, so gebildet, wie er ist … Wir sollten ihn oft einladen!«

»Ja«, bestätigt William, »es ist unverkennbar, dass der junge Dichter Flo sehr beeindruckt. Ich würde mich glücklich schätzen, einen solch edlen und gebildeten Schwiegersohn zu bekommen.«

Fanny möchte natürlich auch brennend gerne Liz und Sidney Herbert kennenlernen. Sie lässt eine herzliche Einladung ergehen. Nun sind sie gekommen, und Fanny beobachtet aus dem Fenster, wie Florence und Liz Herbert im Park spazieren gehen. Sie stehen still und schauen sich das Anwesen Embley Park aufmerksam an, deuten hier und da mit den Fingern und gestikulieren lebhaft.

»Sicherlich hast du Elizabeth auf die Schönheiten unseres Hauses aufmerksam gemacht«, sagt Fanny bei Tisch.

»Das stimmt nicht ganz, Mama«, erwidert Florence. Mit einem bedeutungsvollen Blick auf Elizabeth erklärt sie: »Wir haben uns Gedanken gemacht, wie man Embley Park zu einem Krankenhaus umbauen könnte.«

Ihre Mutter hätte jetzt gerne aufgeschrien und die Tischrunde empört verlassen. Aber Fanny weiß, was sich gehört, und bleibt, wenn auch mit versteinerter Miene. Florence beißt sich auf die Lippen.

Die Liebe, aber …

EIN VERZWEIFELTES LACHEN bleibt Flo im Hals stecken. Mama und Parte setzen alles daran, jegliche Anwandlung von Berufswünschen, die Florence äußert, im Keim zu ersticken. Sie verstehen es, Flo so unter Druck zu setzen, dass sie sich schließlich schuldig fühlt. Flo schreibt ihre Grübeleien auf: »Papa ist ein Mann, der mir wertvolle Anstöße gibt, Mama ist ein Genie im Planen und Organisieren, Parte ist wie ein Kind, das im Garten Gottes spielt und sich an der Schönheit all seiner Werke erfreut. Und was bin ich anderes als eine Mörderin, die all ihre Freude zunichte macht?«

Florence ist jetzt achtundzwanzig Jahre alt, aber ihr fehlt immer noch die Kraft, gegen die Konventionen von Familie und Gesellschaft aufzubegehren. Wenn sie auch ihre Hilfe in den schmutzigen Katen von Wellow und Holloway durchgesetzt hat, so sehnt sie doch den Tag herbei, an dem ihre Familie sie endlich aus dem goldenen Käfig entlässt und ihr den Weg zur Krankenpflege freigibt. Aber wird dieser Tag jemals kommen?

In London weigert sie sich diesmal vehement, an den Bällen teilzunehmen. Viel lieber will sie auch dort zu den Armen in die Elendsviertel gehen. Das kann Fanny gerade noch vereiteln, nicht aber, dass Flo in einer »Lumpenschule« unterrichtet. Der Reformer Lord Ashley hat am Stadtrand von London 88 kleine Schulen gegründet. Etwa tausend freiwillige Lehrer tun dort Dienst. Die Kinder kommen aus den Slums. Sie sind hungrig, kaum bekleidet, haltlos, krank und undiszipliniert. Flo hat sich mit den Büchern von Charles Dickens befasst. Er schildert in seinen Romanen solche Schulen in den grauenhaftesten Farben, aber Flo weiß, dass er mit Übertreibung Interesse wecken will. Sie selbst erlebt es anders und schreibt darüber:

»Die hundert kleinen Diebe gehorchen ihrem Lehrer aufs Wort. Ich habe selten solche Freude erlebt. Menschen wie Michelangelo gibt es in Gottes Schöpfung auch auf anderen Gebieten. Dieser Lehrer errichtete aus den harten, lieblosen Herzen um sich herum einen genauso harmonischen und vollkommenen unsichtbaren Dom bis zum Himmel hinauf, wie es der berühmte Baumeister selbst in dem größten Wunder christlicher Architektur geschaffen hat. Wir können Gott nur loben, dass es solche Wunder gibt.«

Florence setzt sich dort gerne ein, aber sie spürt deutlich, dass ihr Herz noch mehr für die Krankenpflege schlägt.

Einen einzigen Trumpf gegen die Marotten der Tochter hat die Familie noch in der Hand: Richard Milnes. Vor zwei Jahren hat er ihr einen Heiratsantrag gemacht. Richard ist eine geistreiche Persönlichkeit, ein allseits geschätzter, begabter Dichter und Politiker – und dazu steinreich. Florence liebt seine Lebendigkeit, wenn sie sich miteinander ins Gespräch vertiefen. Er ist so unkonventionell wie Clarky und so gebildet wie Papa. Flo hat ihn lange beobachtet und gesehen, dass er allen Menschen, armen und reichen, mit gleicher Wertschätzung begegnet. Alleine dafür verdient er ihre uneingeschränkte Verehrung. Mit Witz und Humor verbreitet er eine heitere Atmosphäre, dabei wird er nie verletzend.

Wie gut, dass er ins Parlament gewählt wurde! Kürzlich hat Richard dort eine Gesetzesvorlage eingebracht. Er setzt durch, dass Erziehungsheime eingerichtet werden, damit junge Menschen nicht zusammen mit Verbrechern im Gefängnis sitzen müssen. Das imponiert Florence, die sich seit geraumer Zeit mit den Fragen der Gefängnisreform befasst. Mit diesem Mann würde sie liebend gerne zusammen arbeiten und kämpfen. Aber wäre es möglich, ein freundschaftliches Verhältnis zu Richard Milnes zu pflegen, ohne seine Frau zu sein? Im Stillen bedauert sie, dass er eine platonische Liebe nie befürworten würde.

In den letzten Monaten ist er ihr überallhin gefolgt, nun drängt er auf eine Entscheidung. Mit einem Rosenstrauß für die verehrte Mutter steht er vor der Tür, sichtlich nervös, er, der sonst so souveräne Mann. Florence weiß seit Langem, dass sie diesem Tag der Entscheidung unausweichlich entgegengeht, doch sie hat sich nicht getraut, sich gefühlsmäßig darauf einzulassen. Hätte sie »Flügel der Morgenröte« und könnte »ans äußerste Meer« fliegen, wie es in einem ihrer Lieblingspsalmen heißt! Ein Mauseloch würde es auch tun, wenn es denn in Embley Park eins gäbe. Immer, wenn sie an Richard denkt, zerreißt es sie: Sie braucht ihn als Gegenüber, ja, sie liebt ihn, aber …

Dann hört sie wieder diese Stimme: »Was werdet ihr tun für die Armen?« Kann sie Gottes Ruf folgen, wenn sie dieses üppige, festgelegte und inhaltslose Leben einer Frau von Adel weiterlebt? Nein, im Innersten spürt sie, dass sie nichts anderes will, als auf die Stimme zu antworten, die sie gehört hat. Sie würde unglücklich, wenn sie sie nicht beachtete. Es bricht Florence fast das Herz zu erleben, wie ihr verehrter und geliebter Freund leidet, weil sie sich zu einem Ja nicht durchringen kann. Gebeugten Hauptes verlässt Richard Embley Park, und Flo schaut ihm sehnsüchtig nach. Soll sie schreien? Ihn zurückrufen? Sie spürt, dass sie nun auch das Nein nicht aushält. Warum ist Clarky so weit weg?! Florence nimmt ihre Zuflucht zu Feder und Papier und schreibt ihrer Freundin nach Paris:

»Mein Geist würde bei ihm Genüge finden, auch mein Gefühlsleben könnte bei ihm zur Erfüllung kommen. Meiner moralischen und tätigen Natur jedoch würde ein Leben mit ihm keine Befriedigung bieten ... Ein Leben mit ihm, in dem wir unsere Kräfte um eines großen Zieles willen miteinander verbänden, das könnte mich schon ausfüllen, aber niemals ein Leben, das nur gesellschaftlichen und häuslichen Pflichten gewidmet wäre ... Ich wäre an ein Leben gefesselt, das nur die Fortsetzung und Steigerung meines jetzigen wäre, noch dazu ohne Hoffnung auf einen Wandel. Willentlich würde ich mir den Weg abschneiden, mir jemals ein wahres und reiches Leben aufzubauen, und das käme mir wie Selbstmord vor.«

Drei Wochen später schreibt sie in ihr Tagebuch: »Ich verstehe es nicht ... Seit ich ihn abgewiesen habe, ist kein Tag vergangen, an dem ich nicht an ihn gedacht hätte. Ohne das Gefühl seiner Zuneigung ist der Tag trostlos für mich. Und die Eltern billigen meine Entscheidung nicht – sie werden unerträglich.«

Schönes Kaiserswerth

Wieder sind es die verständnisvollen Bracebridges, die Flo aus den Fängen der entsetzten Familie befreien. Sie laden sie diesmal zu einer Ägyptenreise ein. Im sonnigen Orient wird Flo aufleben und auf neue Gedanken kommen, denkt Seline.

Flo erlebt eine Reise mit dem Segelschiff von Alexandrien bis nach Abu Simbel, auf den Spuren des verehrten Freiherrn von Bunsen. Sie staunt über die mächtigen Bauwerke aus der Pharaonenzeit. In ihren Briefen berichtet sie jedoch, dass sie die Menschen stumm und fatalistisch erlebt, dass die Armut am Nilufer mit der der Armen in England nicht zu vergleichen sei. Die Katen von Holloway seien Schlösser im Vergleich zu den Strohhütten, in denen die Menschen am Nil zusammen mit ihren Tieren hausten. Ihr Tagebuch zeigt, dass die vielfältigen Reiseerlebnisse nicht ihre selbstquälerischen Ideen verdrängen können. Zu ihrem dreißigsten Geburtstag am 12. Mai 1850 notiert sie: »Nun keine Kindereien mehr, keine Liebe, keine Heiratspläne.«

Über Griechenland will die kleine Gesellschaft nach Berlin zurückreisen. In Athen stellt Flo fest, dass sie nicht mehr schreiben und lesen kann. Eine tiefe Depression hat ihr Gemüt vom Leben abgeschnitten, sie fühlt sich wie unter einer Eisglocke gefangen.

Seline Bracebridge hat diese Entwicklung mit Sorge beobachtet. Sie scheint zu spüren, was der Freundin in dieser Situation helfen kann, und schlägt ihr vor, einen Besuch in Kaiserswerth einzuplanen, bevor sie nach England zurückreisen.

Kaiserswerth? Ohne ausdrückliche Erlaubnis der Eltern? Florence traut ihren Ohren nicht. Ja, nach Kaiserswerth würde sie auch eine Weltreise auf sich nehmen, aber ... Eine große Angst überfällt sie. Wenn Kaiserswerth sie enttäuscht – ihre einzig gebliebene Hoffnung –, was dann? Dann hätte ihr Leben keinen Sinn mehr!

In dieser verzweifelten Verfassung steht sie eines Tages vor dem Pfarrhaus in Kaiserswerth.

Früher gehörte die Dienstwohnung des Pfarrers zu dem riesigen Gebäudekomplex, der die Kirche und die Wohnung mit der Schule verband. Vor wenigen Monaten sind die Fliedners in ein geräumiges Haus umgezogen. Der Pastor, ein überaus fleißiger und weit gereister Mann, konnte Gemeindearbeit und den Aufbau des Diakoniewerks nicht mehr miteinander vereinen, zu groß waren die Herausforderungen geworden.

Selten haben die Fliedners eine solch anmutige, wohlerzogene und bescheidene junge Dame an der Tür begrüßt. Der taubenblaue Reisemantel der jungen Engländerin ist aus allerbestem Tuch geschneidert, dazu trägt sie auf ihrem lockigen braunen kurzen Haar einen flotten Filzhut mit seidenem Band und einer schwungvollen Feder. Ihre Augen blicken jedoch ängstlich fragend die Pfarrfrau Caroline Fliedner an. »Bin ich hier richtig bei Pastor Fliedner?«, fragt sie mit englischem Akzent.

Die Fliedners haben eine herzliche Art, mit Menschen umzugehen, ganz gleich, ob arm oder reich, ob jung oder alt, ob krank oder gesund. Flo spürt ihre Wärme und Wertschätzung. Luise, die zwanzigjährige Tochter, sorgt dafür, dass Flo's Reisegepäck aus dem Gasthaus geholt wird. So zieht Flo mit bangem Herzen und großen Erwartungen in der Diakonieanstalt Kaiserswerth ein, aber nicht allein, denn sie hat aus Athen eine heimliche Reisebegleiterin mitgebracht – in ihrer Manteltasche wohnt eine junge Eule. Beide sind in Kaiserswerth höchst willkommen.

Etwas besorgt hat Frau Fliedner Florence gefragt, ob sie denn auch gewillt sei, praktisch zu helfen. Da hat Flo's Gesicht gestrahlt. »Endlich … endlich darf ich!«

In Kaiserswerth ist es unmöglich, untätig zu sein. Man gerät in einen Strudel von kleinen und großen Aufgaben. Wer wache Augen hat, sieht die Arbeit überall und packt an. Bei den Kleinkindern, wenn sie auf dem Hof spielen, wenn sie ihre Mahlzeiten einnehmen oder gebadet werden. Bei den strafentlassenen Mädchen, wenn sie zur Arbeit eingeteilt und angeleitet werden. Sie verrichten keine stupiden Tätigkeiten, weil sie nachholen sollen, was ihnen ihre Kindheit vorenthalten hat. Eine junge Frau darf eine Kuh melken und führt einen Freudentanz auf. Natürlich würde Flo am liebsten im Krankenhaus mithelfen, aber sie sieht ein, dass dafür der Aufenthalt zu kurz bemessen ist.

In den wenigen freien Stunden knüpfen Luise Fliedner und Florence ein Freundschaftsband. Einmal nimmt Luise Flo mit an den Rhein und zeigt ihr ein kleines Badehaus am Wasser. »Hier dürfen unsere Kinder baden, wenn es das Wetter erlaubt. Meine Eltern wollen, dass die Kinder und die Patienten Freude erleben. Hier ist das Wasser flach und ruhig, da können sie nach Herzenslust planschen.«

»Bist du dabei?«

»Ja, manchmal begleite ich eine Patientin an den Rhein, zum Schwimmen. Ich bin verantwortlich für die Gemütskranken. Du kannst dir nicht vorstellen, wie sie aufblüht, wenn sie ins Wasser darf.«

»Ich gehe gerne abends am Wasser spazieren, Luise, willst du mich öfters begleiten?«

Luise seufzt: »Wie gerne ich das täte! Aber abends werde ich zu Hause gebraucht. Mein Vater ist sehr oft unterwegs, um das Geld für die vielen Aufgaben zu sammeln. Das ist ein mühsames Geschäft, Florence. Manchmal kommt er sehr erschöpft heim, und meine Stiefmutter ist ebenso müde von den vielen Schwierigkeiten, die sie hier in der Leitung des Diakonissenhauses zu bewältigen hat. Manchmal helfe ich auch bei den Waisenkindern oder den Kranken aus, ich habe nie Langeweile.«

»Du Glückliche«, seufzt Flo. »Ich würde gerne mit dir tauschen.«

Flo macht also ihre abendlichen Spaziergänge am Rhein allein mit ihrer Eule Athene, und sie stellt fest, dass der Rhein ihr mehr bedeutet als der Nil und die Themse. Hier hört sie ihr Herz lauter schlagen, und sie spürt, dies ist ein heimatliches Gefühl. Sie wird wiederkommen.

Eines Tages hat Luise Flo ins Gartenhaus geführt. »Dies hier ist ein ganz besonderer Ort«, erklärt die Fliednertochter. »Hier begann nämlich unsere Arbeit. Eines Morgens fand mein Vater hier eine junge schlafende Frau. Sie sah heruntergekommen aus. Sie war tags zuvor aus dem Gefängnis entlassen worden und wusste nicht wohin. Da haben meine Eltern sie aufgenommen und ein Asyl für strafentlassene Frauen gegründet.«

»Einfach so?«

»Natürlich war das nicht einfach, weil kein Geld zur Verfügung stand – da ist mein Vater auf Reisen gegangen und hat angefangen zu betteln.« Luise lacht: »Für fremde Notleidende bettelt es sich leichter als für sich selbst.«

Flo ist tief beeindruckt. Aber nun muss auch sie plötzlich laut lachen. Sie versucht sich nämlich vorzustellen, wie Mama von Tür zu Tür, von Kirche zu Kirche eilt, um für Arme zu betteln. Für Kriminelle! »Du hast wunderbare Eltern, Luise«, stellt Flo fest, »fast komme ich in Versuchung, mit dir tauschen zu wollen.«

Luise wird ernst. »Florence, du weißt nicht, was du dir da wünschst. Meine selige Mutter hat sich tot geschuftet, Kinder geboren und wieder begraben, meinen Vater vertreten, wenn er wochenlang in der Ferne war, tausend Probleme gelöst als Vorsteherin der Diakonissen … Caroline ist die zweite Frau meines Vaters. Ich habe mich zeitweise wie ein Waisenkind gefühlt. Oft war Mutter verreist, um in den fernen Diakonissenhäusern für Ordnung zu sorgen, in Saarbrücken und Bad Kreuznach. Dann war meine Tante bei uns oder ein Dienstmädchen, aber ein Familienleben mit gemütlichem Feierabend, mit gemeinsamen Unternehmungen, das gab es bei uns kaum. Wie habe ich mich danach gesehnt!«

Flo senkt beschämt den Kopf. Wie konnte sie so wenig einfühlsam sein! Sie bemerkt, wie ihre Freundin mit den Tränen kämpft. Eine Zeit lang sitzen die beiden schweigend nebeneinander. Dann sagt Luise in die Stille: »Meine Mutter ist einen Tag vor meinem zwölften Geburtstag in den Himmel gegangen, bei der Geburt ihres zehnten Kindes. Es war ein Brüderchen. Kam tot zur Welt. Auf meinem Geburtstagstisch lagen ihre Bibel mit einer Widmung meines Vaters und sechs Leinenhemden, die sie gerade noch zugeschnitten hatte. Ich habe sie selbst genäht und lange getragen. Als sie mir längst zu klein waren, wollte ich mich immer noch nicht trennen.

Jetzt habe ich nur noch die Bibel … Meine Mutter ist mit dem Brüderchen hier in diesem Gartenhaus aufgebahrt gewesen, wie auch die andern kleinen Geschwister. Sieben Kinder liegen bei Mutter im Grab. Es zieht mich immer hierhin, wo wir Abschied genommen haben.« Jetzt richtet Luise sich auf und räuspert sich: »Du, Florence, eigentlich ist es nicht gut, das eigene Schicksal zu beklagen, ich übe mich täglich in der Dankbarkeit, so wie mein Vater es uns lehrt, aber dir kann ich es sagen: Ich bin in einem Zustand ständiger Trauer.«

»Und ich bin in einem Zustand chronischer Wut, Luise.«

»Willst du mit mir tauschen?« Die beiden schauen sich wieder prüfend an, um sich dann fest zu umarmen.

Am vorletzten Abend in Kaiserswerth gelobt Flo ihrer Freundin: »Ich komme wieder, Luise.«

»Ehrenwort?«

»Ganz bestimmt!«

»Wann?«

»So bald wie möglich. Aber dann bleibe ich länger, ich will Krankenschwester werden – unbedingt!«

Auch Pfarrer Theodor Fliedner und seine zweite Frau Caroline haben Florence in ihr Herz geschlossen. Nie haben sie eine so fleißige und gelehrige Hospitantin erlebt.

Zum Abschied verspricht sie ihnen, einen Bericht über Kaiserswerth zu schreiben und ihn in England zu verbreiten. Sie will Kaiserswerth in allen Einzelheiten schildern, wie die Arbeit mit dem Haus für strafentlassene Frauen begann, wie die Kleinkinderschule folgte und sich zu einer Lehranstalt für Kindergärtnerinnen entwickelte, wie die Notwendigkeit eines Hospitals dringend wurde und sich auch bald eine Ausbildungsstätte für Krankenschwestern auftat, und wie das Waisenhaus gleichzeitig Ort der Geborgenheit und Lehrstätte wurde. Vor allem wird sie schildern, wie wohltuend sie die christliche Atmosphäre in Kaiserswerth erlebt hat. Aber – sie wird die Schrift anonym veröffentlichen, mit Rücksicht auf ihre Eltern.

Ihrer Freundin Luise hinterlässt sie folgenden Abschiedsgruß im Album: »Kaiserswerth, den 13. August 1850. Florence Nightingale, die mit überfließendem Herzen sich immer wieder all der Güte ihrer Freunde im lieben Kaiserswerth erinnern wird. Ich bin ein Gast, und Ihr habt mich beherbergt.«

Die Bracebridges haben zwei Tage in Gent auf Flo gewartet. Jetzt ist sie gekommen und sie ist nicht wiederzuerkennen. Das Eis in ihr ist geschmolzen. An Clarky schreibt sie: »Kaiserswerth ist mein Zuhause. Da sind alle meine Brüder und Schwestern bei der Arbeit. Da ist mein Herz. Ich fühle mich so stark, als ob mich nie wieder etwas anfechten kann. Es ist, als ob Afrika ergrünt.«

Zunächst aber muss sie ins elterliche Schloss zurückkehren. Fanny ist aufgebracht, als sie entdeckt, dass Flo kaum Gepäck von ihrer Reise zurückbringt. Der Kutscher hat lediglich ein paar Habseligkeiten – hauptsächlich Bücher – in der Eingangshalle abgestellt.

»Wir haben dich wie eine Prinzessin ausgestattet!« Fanny ringt um Fassung. »Wo sind all deine schönen Sachen?«

»Meine Kleider, meine Wäsche? Sie sind in Ägypten, Griechenland und Deutschland geblieben.«

»Flo scheint nichts mehr zu besitzen als das, was sie auf dem Leibe trägt«, bemerkt Parte spöttisch.

Jetzt beeilt sich ihre Schwester zu erzählen: »Ich habe aber etwas Lebendiges mitgebracht – aus Griechenland!« Und dann holt sie ihre kleine Eule Athene und stellt sie ihrer Familie vor, so wie man einen guten Freund einführt. »Wir sind uns auf der Akropolis begegnet, und es war Liebe auf den ersten Blick.«

Nein, Flo hat sich auf der langen Reise nicht eines Besseren besonnen, so wie Fanny gehofft hat. Im Gegenteil: die Tochter tritt entschiedener auf als zuvor. Ist sie eigentlich noch normal? Nein, eigenartig ist sie zurückgekommen, stellt die Mutter enttäuscht fest.

Und Florence? Sie hat erkannt, dass ihr im Leben nichts zufällt, dass sie hart kämpfen muss, um ihre eigene, persönliche Aufgabe zu erfüllen. Nur so kann sie an einem allgemeinen großen Ziel mitarbeiten. Und dieses Ziel heißt für sie: Krankenpflege. Die depressive, angepasste Tochter verwandelt sich in eine Rebellin.

Mit Parte steht es inzwischen gesundheitlich schlecht, und man gibt Florence mit ihren »zerstörerischen Anwandlungen« dafür die Schuld. Mittlerweile kann sie sich über nichts äußern, ohne dass Parte einen hysterischen Anfall produziert, ja, die Schwester kann sogar in Ohnmacht fallen. Die Mutter beschließt, mit den Töchtern zur Kur nach Karlsbad zu reisen. Sobald sie jedoch im Kurort angekommen sind, erklärt Flo: »Ich gehe nach Kaiserswerth, während Parte ihre Kur macht.«

»Was für eine Unverschämtheit!«, schreit Parte. »Flo macht mich so krank, dass ich nach Karlsbad muss. Und während ich hier sein muss, will sie nach Kaiserswerth.« Damit wirft sie ihrer Schwester wütend eine Perlenkette ins Gesicht. Mama ist ebenso schockiert über Flo's Verhalten, aber sie spürt deutlich, dass keine zehn Pferde mehr ihre »verdorbene« Tochter von ihren verrückten Ideen abbringen werden. Halbherzig gibt sie ihre Erlaubnis. Allerdings muss Florence ihr versprechen, den Aufenthalt in Kaiserswerth streng geheim zu halten und keine Briefe an die Freunde zu schreiben, die sie in Karlsbad wähnen.

Ich wünsche mir keine andere Welt als diese hier

Die folgenden drei Monate wird Flo nie vergessen. An ihre Mutter und Schwester in Karlsbad schreibt sie einen begeisterten Brief: »Jetzt weiß ich endlich, was Leben bedeutet und wie es ist, wenn man das Leben liebt. Es würde mich jetzt wirklich traurig machen, wenn ich bald aus dem Leben scheiden müsste … Ich wünsche mir gar keine andere Welt als diese hier.«

»Dieses elende Leben dort wird ihr bald leid werden«, bemerkt Fanny bitter, während sie weiterliest. »Im Waisenhaus muss sie schlafen! Mit gefallenen Mädchen gibt sie sich ab, das kann wohl nicht gut gehen. Jeden Morgen muss sie schon um fünf aufstehen. Wie will sie das durchhalten?« Erschüttert liest sie weiter: »Vier Mahlzeiten am Tag, die erste um Viertel vor sechs, und jedes Mal nur zehn Minuten zum Essen! Und dann gibt es nur Brot und Suppe oder Brot und Gemüse. Kein Fleisch? Die Arme wird zusammenbrechen! Und ihr Haar muss sie selbst frisieren – aber das geht doch gar nicht!«

Die junge Schwesternhelferin setzt sich ein, wo immer sie gebraucht wird. Florence erhält in Kaiserswerth zwar keine richtige Ausbildung zur Krankenschwester, denn eine solche gibt es in dieser Zeit in Deutschland noch nicht. Allerdings hat sie nirgendwo eine bessere Einführung in die Pflege erhalten als hier. Einmal darf sie im Operationssaal einer Operation beiwohnen. Sie schaut zu, wie ein Bein amputiert wird. Das Chloroform als Narkosemittel ist gerade entdeckt worden – ein großer Fortschritt für die Chirurgie.

Hauptsächlich arbeitet Flo als Helferin bei den Diakonissen. Manchmal begleitet sie die Nachtschwester auf ihrem Rundgang durch die Stationen. Dort ist alles peinlich sauber, und man hat nicht den schlechten Geruch in der Nase, der sonst in Krankenhäusern herrscht.

Drei volle Monate währt Florences Glück in Kaiserswerth. Die strenge Ordnung des Tages, das bescheidene Leben und die wunderbaren Menschen dort haben sie verwandelt und in ihrem Entschluss fester werden lassen. Sie bittet Pastor Fliedner um einen Abschiedssegen. Nie wird sie den feierlichen Moment vergessen, als der Diakonissenvater seine Hand auf ihr Haupt legt und Gott bittet, dass ihr Aufenthalt in Kaiserswerth Frucht bringen möge, und dass ihre reichen Gaben dem Dienst der Menschenliebe zugute kommen.

An ihren Vater nach Embley schreibt sie: »Ich bin bei dem Gedanken froh, dass meine Jugend jetzt vorbei ist. Und es ist gut, dass sie nicht wiederkehrt. Es war eine Zeit, in der ich viel Unnützes tun musste und eingeengt wurde, in der meine Hoffnungen unerfüllt blieben und ich viele Enttäuschungen erlebte ... Ich hoffe, dass ich jetzt zu mir selbst gefunden habe. Ich hoffe, dass ich von Bindungen frei bin. Ich hoffe, dass ich jetzt anders leben kann. Ich habe etwas gelernt, das ich nicht missen möchte.«

Auch Fanny und Parte in Karlsbad erhalten einen Brief.

»… Wirklich, meine Lieben, ich kann es nicht ertragen, Euch Kummer zu bereiten. Gebt mir Euren Segen!«

Eine Antwort bleibt aus. In Köln treffen die drei Frauen wieder zusammen, um gemeinsam nach England zu reisen. Fanny und Parte überhäufen Flo erneut mit Vorwürfen, und die unverstandene Tochter fühlt sich, als habe sie ein großes Verbrechen begangen. Wie soll sie die Rückkehr nach Hause überstehen?

Ein Adler muss fliegen dürfen

Partes Gemütszustand hat sich in Karlsbad nicht gebessert. Ihre Eltern wenden sich nun an den tüchtigsten Arzt in England, er ist auch der Leibarzt von Königin Victoria. Nach gründlicher Untersuchung schlägt er eine verblüffend einfache Therapie vor: Parte und Florence sollen fortan getrennt leben. Fanny Nightingale hat für diese Empfehlung ein kleines Vermögen bezahlt. Sie hört Flo's stummen Jubelschrei nicht. Was Florence seit ihrer Kindheit ersehnt, erscheint jetzt schlagartig möglich. Sie hat viele Jahre verzweifelt um ihre Unabhängigkeit gekämpft, und dieser Arzt braucht nur einen Satz zu sagen und ein Honorar einzustecken! Nie wird er erfahren, wie sehr sie ihn dafür liebt! Was wird Mama nun tun?

Fanny ist nicht überzeugt von diesem ärztlichen Rat, und sie findet auch eine Lösung. Es kommt ihr gelegen, dass in Tapton die Großmutter Smith – ihre Mutter – mehr Hilfe als bisher benötigt. Ihre Schwester Julia soll einen Urlaub von der Pflege der gebrechlichen Mutter bekommen. Flo gehorcht, denn sie liebt ihre Großmutter. Sie gibt ihr all das Gute zurück, das sie als kleines Mädchen von ihr empfing. Als sie zehn Jahre alt war, hat ihre Großmutter mit ihr die Geschichte von Maria und Marta gelesen. Flo kann nicht vergessen, dass ihre Oma damals festgestellt hat, Flo sei wie Maria und Marta in einer Person. War das ein Kompliment oder eine Rüge? Als Zehnjährige empfand sie das Verhalten der geschäftigen Marta als anstößig, aber ihre Oma verstand es, der Enkelin die gute Seite des Dienens und Versorgens lieb zu machen.

In der Sterbestunde sitzt Flo allein an ihrem Bett, streichelt ihre Hand und drückt ihr schließlich die Augen zu – nie wird sie diesen letzten Tag ganz allein mit ihrer Großmutter Smith vergessen.

Tante Julia hat viele Jahre hindurch ein Gutteil ihrer Kraft und Zeit für Großmutter Smith verwendet. Jetzt ist sie einundvierzig Jahre alt und wird sich stärker um den Verein für die Sklavenbefreiung kümmern. Flo hat sie immer bewundert, weil sie ein großes Herz für leidende Menschen hat. Und jetzt ist sie frei, denkt Flo. Sie erschrickt. Sollte sie, Flo, auch warten müssen, bis Mama stirbt? Wird sie einmal den Tod ihrer Eltern als Befreiung erleben? Was, wenn Mama sehr alt würde? Sie hat der Tochter klipp und klar zu verstehen gegeben, dass sie nun zuständig sein wird für alle Alten und Kranken in der Familie – und das sind viele, unübersehbar viele.

Florence nimmt ihre Zuflucht zu Feder und Papier. Sie verfasst einen ärgerlichen Essay unter dem Titel »Cassandra«, in dem sie die Situation der Frauen aus der höheren Gesellschaft Englands beleuchtet und beklagt. Ihr eigenes Leiden am sinnlosen Leben kleidet sie in diese Worte:

»Warum haben Frauen Leidenschaft, Verstand und moralische Verantwortung und können in der Gesellschaft keine dieser Fähigkeiten verwirklichen …? Jesus Christus hat den Frauen eine Stellung gegeben, in der sie nicht bloß Sklaven und Dienerinnen für die Leidenschaften der Männer sind. Er hat sie durch seine Zuneigung emporgehoben. Wenn aber hier jemand handeln will wie Jesus Christus, dann ertönt sofort der Aufschrei, er habe Jesus falsch verstanden. … Frauen können allein Gott ihr Leid klagen. Er ist der Einzige, der sie anhört …

Wenn eine Frau stirbt, ruft sie aus: ›Freiheit, göttliche Freiheit, bist du endlich angebrochen? Sei willkommen, schöner Tod!‹ – Lieber hundertmal kämpfen und dann in den stürmischen Wellen ertrinken. Lieber, zehnmal lieber in den Wogen sterben und den Weg in die neue Welt zeigen, als untätig an der Küste stehen!«

WEN ist der Einzige, der Florence in ihrem Drang nach Freiheit und Selbstbestimmung versteht. Jetzt endlich trifft er eine folgenschwere Entscheidung: Er beschließt gegen den heftigen Protest seiner Gattin, die einunddreißigjährige Tochter finanziell zu unterstützen, auch wenn ihre Berufsideen ihn keineswegs überzeugen. »Einen Adler sperrt man nicht in die Volière, der muss fliegen dürfen!«, erklärt er. Für Fanny bricht eine Welt zusammen.

Florence sucht endlich das Weite: Sie reist nach Irland. Dort gibt es ein bekanntes Spital, in dem eine Ausbildung angeboten wird. Tief enttäuscht steht sie jedoch vor verschlossenen Türen – das Haus wird gerade renoviert. Unverrichteter Dinge kehrt sie zurück, um sich bald wieder aufzumachen – nach Frankreich. In Paris hofft sie bei den »Barmherzigen Schwestern« lernen zu dürfen. Einmal hat sie bereits einen Versuch gemacht, und da wurde ihre Großmutter Smith krank. Jetzt versucht sie es erneut – und wird selbst krank. Die Masern muss sie in Embley Park auskurieren. Aber Florence gibt nicht auf und reist ein drittes Mal nach Paris – erfolgreich.

Liz Herbert hat Flo durch die letzten Jahre begleitet und mit ihr gelitten. Nun kommt sie mit einer guten Nachricht: »In London in der Harley Street gibt es das ›Stift verarmter Edeldamen‹. Sie suchen eine neue Oberin, Florence; sie soll das Haus leiten, die Angestellten beaufsichtigen. Dies ist ein

Posten, der viel Takt erfordert. Die Patientinnen entstammen dem Adel des Landes. Sie haben einst bessere Tage gesehen, und nun sind sie verarmt, einsam und krank. Ich bin fest davon überzeugt, dass du die geeignete Person bist. Lass dir die Entscheidung nicht zu schwer werden!«

Florence aber zögert. Den goldenen Käfig würde sie lieber heute als morgen endgültig verlassen, aber bei ihrem ersten Besuch in diesem Pflegeheim hat sie sogleich erkannt, dass sie hier nicht nur viel Arbeit, sondern auch manchen Ärger finden würde. Und sie ist auch nicht überzeugt, dass diese Aufgabe ihren Vorstellungen entspricht. Aber sie will es versuchen.

Vor wenigen Tagen hat Florence ihre Stelle angetreten, da hört sie eines Morgens Trommeln, schmetternde Klänge, Paukenschläge und helle Zimbeln. Die Marschmusik kommt näher und wird lauter. Alles, was irgendwie laufen kann, sucht sich einen Platz am Fenster, und die jungen Mädchen und Pflegerinnen eilen hinaus vors Haus. Die Bürgersteige haben sich bereits mit neugierigen Menschen gefüllt. Da biegt der Zug um die Ecke. Die Militärkapelle kann sich hören und sehen lassen. Ganz vorne marschieren die Trommler. Auch halbwüchsige Burschen sind dabei. Blank geputzte Blasinstrumente blitzen in der Morgensonne. Ihre rhythmischen Klänge verzaubern das Volk, auch Florence spürt, wie ihr die Marschmusik in die Beine fährt. Nun kommen die Offiziere auf prächtigen Pferden geritten. Ihre Uniformen strotzen vor goldenen Abzeichen, die Helme schimmern im Licht, und die Federbüsche auf den Helmen wippen im Schritt der Pferde auf und ab. Einer unter ihnen hat nur einen Arm.

»Wie will der denn im Krieg bestehen?«, fragt eins der Hausmädchen.

Der Hausmeister belehrt sie: »Das ist doch Lord Raglan,

der Oberbefehlshaber. Er hat seinen Arm in der Schlacht von Waterloo verloren.«

Jetzt biegen die Soldaten um die Ecke, die Kavallerie mit den Lanzenreitern zuerst, gefolgt von der Infanterie im Gleichschritt, blau und rot uniformiert, mit breiten Schärpen über der Brust. Die klirrenden Waffen zaubern Farbe und Leben in das eintönige Grau der Straße. Florence steht und starrt den Soldaten hinterher, als diese längst am Ende der Straße verschwunden sind.

Dies geschieht im Frühjahr 1854. Die Truppe ist auf dem Weg zum Hafen – dort soll sie nach der Krim eingeschifft werden.

Auf den breiten Gängen und in den Räumen des Stifts geht es lebhafter zu als üblich.

»Zur Krim? Wo liegt denn das?«

»Das ist eine große Halbinsel, irgendwo dahinten im Schwarzen Meer!«

»Und wozu gehen unsere Soldaten dort in den Krieg? Nach vierzig Friedensjahren?«

»Sie kämpfen zusammen mit den Franzosen und Türken gegen die Russen. Die wollen dort dem Osmanischen Reich Gebiete wegnehmen und ihr eigenes Land damit vergrößern!«

»Und was haben wir damit zu tun?«

»Nun, der Zar könnte uns die Route nach Indien versperren, das darf nicht geschehen!«

»Aber die russische Armee ist so rückständig, wie wollen die einen Krieg gewinnen?«

»Wir haben die besseren Waffen, aber sie haben das größere Heer.«

»Na, die werden aber staunen! Unsere Soldaten sind doch vor vierzig Jahren sogar mit Napoleon fertig geworden!«

Florence weiß es besser. Ihr Freund Sidney Herbert ist inzwischen Staatssekretär im Kriegsministerium geworden, und von seiner Frau Liz hat sie erfahren, welch große Sorgen er sich um den Krieg auf der Krim macht. Flo jedoch hat gerade eine Aufgabe angefangen, die ihr kaum erlaubt, an anderes zu denken.

Sie hat im Stift der adligen Damen unvorstellbare Zustände angetroffen. »Aufräumen« ist angesagt. Zuerst stellt sie die Wirtschafterin zur Rede. Diese verlässt lautstark das Büro der Oberin: »Wenn Ihnen meine Art, die Wirtschaft zu führen, nicht recht ist, dann gehe ich eben, Gehalt hin, Gehalt her. Ich pfeife darauf!« Ihre Stimme überschlägt sich.

Florence bleibt ruhig und antwortet: »Gut, Sie können schon heute gehen. Ich werde selbst Ihre Arbeit übernehmen, bis ich eine geeignete Person gefunden habe.«

Die Angestellte knallt die Tür hinter sich zu. Mit hochrotem Kopf verlässt sie nach zwei Stunden das Haus. Florence verkündet, dass sie weder Faulheit noch einen liederlichen Lebenswandel im Stift dulden wird. Die Hausmädchen gehen, eine nach der anderen, und einen Monat später nimmt auch der Hausarzt seinen Hut. Florence setzt sich auf allen Ebenen durch. Sie wird sich auch nicht wie ihre Vorgängerin vom leitenden Vorstand, dem »verehrten Komitee«, herumkommandieren lassen!

Eines Tages erscheint Mrs Forester, eine jener leitenden Damen des Komitees. Ein Lakai hilft ihr diensteifrig aus der Kutsche, und sie schwebt elegant zur Tür herein, ohne anzuklopfen. Ein Dienstmädchen nimmt sie knicksend in Empfang.

»Wo ist Miss Nightingale?«, fragt die Lady von oben herab.

»Im Keller, gnädige Frau!«

Die Dame zieht die Augenbrauen hoch. »Sie haben mich nicht verstanden, ich fragte nach der Oberin!«

»Ganz recht, gnädige Frau. Die Frau Oberin ist im Kohlenkeller. Ich will Sie gerne zu ihr führen, wenn Sie mir bitte folgen wollen …«

An der Kellertreppe angekommen, rafft die Besucherin ihren kostbaren Mantel und bleibt auf der obersten Stufe stehen. Unten flackert ein Licht. »Aber wertes Fräulein«, ruft sie, »was treiben Sie denn da unten?«

Florence wühlt in einem Kohlenhaufen. »Ich bin mit dem Kohlenhändler nicht einverstanden. Bitte, überzeugen Sie sich selbst!«

Aber die feine Dame rümpft die Nase. »Ich werde mich hüten, Miss Nightingale!«

Jetzt kommt Florence mit einer dunkelblauen Schürze aus dem Kellerloch und bläst die Lampe aus. »Da sehen Sie meine Hände an!«, sagt sie. »Ja, wenn man selbst nach dem Rechten sieht, bleiben die Hände nicht sauber. Lauter Staub und Kehricht hat uns der Kohlenhändler geliefert. Der Kerl betrügt uns! Ich werde den Lieferanten wechseln!

Schön aber, dass Sie gekommen sind, Lady Forester, denn ich habe viel auf dem Herzen. Zunächst einmal: Wir brauchen in diesem Haus dringend einen Aufzug! Solange wir das Essen für die Kranken die Treppen hinauftragen, kommt es oben kalt an.«

»Einen Aufzug habe ich bisher in keinem Krankenhaus gesehen, Miss Nightingale!«

»Wirklich nicht? Nun, dann werden wir die Ersten sein, und die andern werden unserem Beispiel folgen!«

Während Mrs Forester noch nach Luft ringt, fährt Florence bereits fort: »Und da ist noch etwas: Ich stelle fest, dass hier nur Damen, die der ›Kirche von England‹ angehören, aufgenommen werden.«

»Natürlich!«

»Natürlich finden Sie das? Unter meiner Leitung sollen

selbstverständlich auch die Damen aus den anderen Kirchen und Religionen Aufnahme finden.«

Ehe die Besucherin sich äußern kann, lächelt Florence ihr freundlich zu: »Doch nun wird es Zeit, dass ich mir die Hände wasche. Und dann werde ich Sie herumführen, und Sie werden sich davon überzeugen, dass das Haus auf dem besten Weg ist, eine mustergültige Einrichtung zu werden – so wie es sich doch jeder wünscht, nicht wahr?«

Florence bekommt ihren Aufzug, bessere Medikamente und gute Nahrungsmittel, und ehe ein halbes Jahr vergangen ist, hat sie alles, was sie wünscht, durchgesetzt. Das Komitee vertraut ihr, und die Patientinnen und Mitarbeiterinnen verehren sie, aber sie spürt deutlicher denn je, dass hier nicht der eigentliche Auftrag für sie liegt.

Eines Tages wartet sie bei ihren Freunden Liz und Sidney Herbert mit einer Überraschung auf: »Stellt euch vor, man hat mir die Stelle der Oberin im ›Kings-College-Hospital‹ angeboten!«

Liz bekommt große Augen: »Du, das wäre doch …«

Florence nickt: »Ja, jetzt habe ich endlich die Möglichkeit, alle meine Pläne für die Hebung des Schwesternberufs umzusetzen. Es scheint, dass ich am Ziel meiner Wünsche angekommen bin. Aber vorher will ich noch ein bisschen Schwester sein. Sicher habt ihr von der Choleraepidemie im Armenviertel Covent Garden gehört.«

»Aber du wirst doch wohl nicht …« Sidney hebt die Augenbrauen.

Florence richtet sich auf. »Doch, ich will! Ich habe es versprochen.«

Liz schaut sie besorgt an, aber sie weiß, dass es aussichtslos ist, ihre Freundin umzustimmen. Florence reicht ihnen die Hand: »Ich bin gekommen, um euch Lebewohl zu sagen, wir sehen uns erst wieder, wenn die Seuche vorbei ist.«

Nachdenklich und sorgenvoll schauen die beiden ihrer Freundin nach. »Ist sie von allen guten Geistern verlassen?«, murmelt Sidney kopfschüttelnd. Florence ist jetzt vierunddreißig Jahre alt.

Kriegsgeschrei

Im Frühjahr hat die englische Armee die Heimat verlassen, und seitdem gibt es in England nur noch ein Thema: der Krieg. Russland bedroht das schwächer werdende Osmanische Reich. Immer wieder hat der Zar versucht, das Erbe der Türken im östlichen Mittelmeer anzutreten. Dies ist nun der sechste Vorstoß. Der »kranke Mann am Bosporus« kann diesmal jedoch auf europäische Hilfe hoffen, weil England großes Interesse daran hat, die Handelswege, die zur Kronkolonie Indien führen, frei zu halten.

Das britische Volk spricht euphorisch vom erhofften Sieg. Hat man nicht vor vierzig Jahren sogar Napoleon bei Waterloo geschlagen? Und ist England nicht führend auf der Welt im technischen Fortschritt? Russland gilt als absolut rückständig, wenngleich dieses Riesenreich auch über eine entsprechend große Armee verfügt.

Sir Sidney Herbert ist inzwischen zum Kriegsminister ernannt worden, seine Aufgabe besteht darin, die Versorgung der Truppen im Kriegsgebiet zu sichern. Er hat Florence noch im Frühjahr anvertraut, dass er sich Sorgen mache um die mangelhafte logistische Organisation der Armee. England hat in letzter Zeit alle Kräfte auf den industriellen Aufbau konzentriert. Die Streitkräfte spielen schon seit Langem eine sehr untergeordnete Rolle, es hat seit Waterloo keine neuen Verordnungen gegeben, und der Oberbefehlshaber Lord Raglan, inzwischen fast siebzig Jahre alt, begreift wohl nicht mehr, gegen wen er seine Truppen mobilisiert. Er nennt die Feinde kurz »die Franzosen«, obwohl diese inzwischen Englands Verbündete sind.

Die Kampfmoral der Briten kann sich mit der der Russen nicht messen. Die russischen Soldaten stehen mit großer Ergebenheit und Entschlossenheit hinter ihrem Zaren Nikolaus I. Die britischen Soldaten hingegen haben sich daran gewöhnt, dass man sie wie niedere Wesen behandelt. Sie müssen sich zu zweit ein Bett teilen und ihre Nachttöpfe nach dem Entleeren am Morgen als Waschschüsseln benutzen. Sie ertragen alles in der Hoffnung, dass ihr bescheidener Sold ihren Familien das Überleben ermöglicht.

All dies hat Sidney Herbert mit Florence erörtert und auf ihre Fragen geschildert, wie gering sein Einfluss in diesem schwerfälligen Räderwerk der Kriegsmaschinerie sei. Eigenmächtiges Handeln sei ausgeschlossen und die umständliche bürokratische Ordnung dringend erneuerungsbedürftig. Zum Schluss jedoch hat er zuversichtlich hinzugefügt: »Aber wir sind alle davon überzeugt, dass dieser Krieg ein Blitzkrieg sein wird. Unsere Männer werden bald siegreich wieder zurück sein.«

Tag für Tag verfolgt Florence die Nachrichten in der »London Times«. Zum ersten Mal hat die Zeitung einen Sonderkorrespondenten direkt ins Kriegsgebiet entsandt. Inzwischen ist es September. Endlich verkündet man in England einen ersten Sieg der Alliierten über Russland am Fluss Alma auf der Krim.

Als Florence wenige Tage später die Zeitung aufschlägt, wird ihr Gesicht ernst. Die Schlacht an der Alma ist zwar zugunsten der Alliierten England, Frankreich und Türkei ausgegangen, aber es hat sehr hohe Verluste gegeben. Die Verletzten sind stundenlang unversorgt geblieben. Sanitäter haben unter primitivsten Bedingungen zerschossene Gliedmaßen amputiert. Viele Soldaten sind verblutet, weil keine Hilfe gekommen ist.

Der berühmte Reporter William Howard Russell meldet unfassbare Einzelheiten, dann fügt er hinzu: »Von den dreißigtausend englischen Soldaten auf der Krim werden die meisten wohl das Ende des Winters nicht erleben. Nicht etwa der Tod auf dem Schlachtfeld droht ihnen, sondern der Tod durch die Cholera. Das große Sterben hat bereits angefangen ...«

Florence ist blass geworden. »Hier, Papa, lies das mal!«

Der Reporter hat diesem Bericht einen Aufruf zugefügt, in dem es heißt: »Sind unter uns keine hingabebereiten Frauen, die fähig und willens wären, zu unseren leidenden Soldaten im Orient in das Lazarett von Skutari hinauszuziehen und sie zu pflegen? Sind von den Töchtern Englands in dieser Stunde äußerster Not keine zu solchem Werk der Barmherzigkeit bereit? Frankreich hat seine ›Barmherzigen Schwestern‹ in reicher Zahl hinausgesandt, und in diesem Augenblick sind sie an den Betten der Verwundeten und Sterbenden tätig, um den Trost und die Hilfe zu geben, den nur die Hand der Frau in solchen schrecklichen Leidenszeiten spenden kann. Unsere Soldaten haben mit großer Aufopferung in einer der blutigsten und schrecklichsten Schlachten neben den französischen Truppen gefochten. Müssen wir so weit hinter Frankreich zurückstehen an Opferwilligkeit und Hingebung ...?«

»Das ist ein Skandal«, wettert WEN, »dass die Franzosen uns in den Schatten stellen! Wir schicken unsere besten Garderegimenter in den Kampf, und nun fallen sie nicht in der Schlacht, sondern sterben, weil sich keiner um die Verwundeten kümmert. Blamabel ist das für uns!« Er feuert die Zeitung auf den Boden. Fanny hat ihren William selten so wütend erlebt.

Florence nimmt das Blatt wieder an sich, um es in Ruhe zu

78

Ende zu lesen. Zelte sind nur in ungenügender Zahl vorhanden, heißt es. Ein Hospital gibt es nicht, nur eine leere türkische Baracke. Es mangelt an Ärzten und Pflegerinnen, liest sie mit wachsendem Entsetzen. Sie sieht die Cholerakranken vor sich, die sie in Covent Garden gepflegt hat. Wie viele sind trotz guter Pflege gestorben? Wie muss es da erst auf diesem grausamen Kriegsschauplatz aussehen! »Irgendjemand muss die Sache in die Hand nehmen«, sagt sie vor sich hin.

»Du selbst wirst es tun«, hört sie eine Stimme antworten.

Erschrocken schaut sie sich um, aber es ist niemand mehr außer ihr im Zimmer. Da weiß sie: Jetzt hat Gott zum zweiten Mal deutlich geredet, diesmal ganz konkret.

Sie setzt sich an den Schreibtisch, um einen langen Brief an Liz Herbert zu schreiben. Darin berichtet sie Liz von ihrem Vorhaben, mit einer Gruppe Pflegerinnen auf die Krim zu reisen.

»… Es sollten gute Frauen sein, die Erfahrung mit der Pflege haben, außerdem Ausdauer und Mut. Ich werde sie sorgsam prüfen. Es dürfen auch nicht zu viele sein, denn ich muss die Übersicht über das Vorhaben behalten … Alles andere möchte ich gerne mit Dir durchsprechen, und es sollte bald geschehen. Wir haben keine Zeit zu verlieren …«

Flo staunt nicht schlecht, als am folgenden Tag ein dicker Brief vom Kriegsministerium ankommt. Das kann doch unmöglich schon die Antwort sein! Sidney Herbert hat den Brief unterschrieben. Er ist lang und ausführlich. Inständig bittet er die Freundin, seine Zeilen zu prüfen. Sie sei die Einzige, die ihm kompetent genug erscheine, eine Gruppe von Pflegerinnen zur Krim zu begleiten und dort in der Pflege anzuleiten. Die Situation sei dringend und eine Entscheidung eilig. Er verschweigt nicht, dass ein Einsatz von Damen im Militärlager etwas vollkommen Neues ist und nicht nur auf Zustimmung bei den Militärs stoßen wird. Aber er sagt ihr auch jegliche Unterstützung seitens der Regierung zu und bittet sie, ihre Entscheidung bald zu treffen.

Doch Flo hat sich zu diesem Zeitpunkt bereits entschieden und steckt mitten in den Reisevorbereitungen. Sie hätte so oder so – auch ohne Auftrag – die Sache in die Hand genommen. Postwendend bekommt Sidney Herbert ihr Ja. Ein Stein fällt ihm vom Herzen, denn er ist schwer unter Beschuss geraten. Nun kann er bekannt geben, dass eine Gruppe hilfsbereiter Frauen die Ausreise vorbereitet.

Florence ist von morgens bis abends auf den Beinen, um das Unternehmen zu organisieren. Tausend kleine Einzelheiten wollen bedacht werden. Wie gut, eine Freundin zu haben, die mitdenkt. Liz Herbert hat Flo zu sich eingeladen. Florence ist nicht wiederzuerkennen in ihrem Eifer für eine gute Sache.

»Du weißt, dass Abenteuerlust und die Aussicht auf ein Monatsgehalt zuweilen stärker motivieren als pflegerisches Können und Hingabebereitschaft. Meine Schwestern werden, wenn es nötig ist, Tag und Nacht im Einsatz sein. Übrigens: ich habe bereits die Schwesternkleidung entworfen und einige Näherinnen beauftragt, sie anzufertigen.«

Liz muss lachen: »Wie bitte? Woher weißt du denn, ob die Kleider passen?«

»Na ja, ich hoffe, dass keine meiner Damen zu dick oder zu groß geraten ist.« Florence zieht ein Notizbuch aus der Handtasche. »Schau hier, dies ist mein Entwurf. Ich gebe zu, dass der Schnitt ein wenig stillos ist, aber ich habe keine Zeit, auf modische Linien zu achten. Die Kleider werden aus grauem Stoff gefertigt, weil darauf der Schmutz nicht so zu sehen ist.«

»Und was soll die Schleife?«

»Sie soll bestickt werden mit ›Skutari‹, das ist der Stadtteil von Konstantinopel, in dem unser Krankenhaus liegt.«

Liz macht ein betretenes Gesicht. »Du meine Güte, Flo,

meinst du wirklich, dass deine Schwestern so etwas gerne tragen werden?«

Flo lacht. Ihre Wangen glühen vor Erregung. »Nein, sicher nicht, aber dieser Kleidertest wird ihnen und mir deutlich machen, was ihnen wirklich wichtig ist. Sie gehen ja nicht auf den Heiratsmarkt, und ich habe keine Lust, sie an irgendwelche türkischen Freier zu verlieren. Aber nun muss ich weiter, Liz, die Reise ist noch nicht organisiert.«

Liz holt tief Luft: »Sag mir nur noch, bevor du gehst: Kann ich irgendetwas für dich tun, Flo?«

Florence zögert keinen Moment. »Ja, das kannst du.« Sie blickt die Freundin eindringlich an. »Du kennst mich gut genug, um zu wissen, dass es mir bei diesem Unternehmen nicht nur um einen einmaligen Einsatz geht. Mein Ziel reicht viel weiter: Ich will aller Welt zeigen, dass gut ausgebildete Schwestern eine herrliche Aufgabe haben, im Krieg wie auch im Frieden. Bitte, mache das allen Bekannten klar, besonders den überzeugten Skeptikern!

Ach, übrigens, Liz, stell dir vor – nein, rate mal, wer uns nach Skutari begleiten will!« Florence macht ein geheimnisvolles Gesicht, aber Liz versteht sie auf Anhieb. Sie weiß, wie eng die freundschaftliche Verbindung zu Seline und James Bracebridge ist.

»Das ist wunderbar, Flo, du bist ein Glückspilz!«

Die Überfahrt

Wie ein Lauffeuer verbreitet sich in England die Kunde von dem geplanten Krimeinsatz einer mutigen Gruppe von Frauen. Plötzlich ist Lady Florence Nightingale in aller Munde, und als sie sich zusammen mit achtunddreißig Frauen und den

Bracebridges einschifft, stehen die Leute Kopf an Kopf am Ufer, unter ihnen die stolze Familie Nightingale, um ihnen ihre Dankbarkeit und Bewunderung auszudrücken. Langsam gleitet das Schiff aus dem Hafen.

Florence hat dafür gesorgt, dass jede Mitreisende einen Schirm und eine Reisetasche besitzt, in der die nötigsten Dinge für den Einsatz verstaut sind. Auf der Reise durch Frankreich jubeln die Menschen ihnen zu, und in Marseille machen sich die Frauen geschwind auf, um noch verschiedene Dinge zu besorgen, die ein Lazarett braucht. Wer weiß schon, ob es dort Öfen gibt! Der Winter kann in der Türkei recht kalt werden. In Südfrankreich gibt es die kleinen metallenen Schalen, in denen man Holzkohle verbrennen kann. Flo kauft reichlich ein. »Man kann nie wissen«, sagt sie, »besser zu viel als zu wenig haben.« An Geld mangelt es nicht. Die »London Times« hatte zu Spenden aufgerufen, und das Echo aus der Bevölkerung war überwältigend groß gewesen.

Nun fiebert die Nightingale-Truppe der Seereise entgegen, aber ein Konflikt bricht auf. Im Hotel bei der Abendmahlzeit wird es unruhig. Die Damen von besserer Herkunft wollen nicht dulden, dass die einfachen Frauen mit ihnen den Tisch teilen, und die katholischen Schwestern bestehen darauf, streng getrennt von der übrigen Gruppe zu speisen. Florence tritt energisch auf den Plan. »Es ist noch früh genug«, erklärt sie, »dass Sie Ihre Heimreise antreten, wenn Standes- und Glaubensunterschiede Sie irritieren. Was in unserer Heimat gelten mag, werde ich hier nicht dulden. Bei diesem Einsatz geht es um ein großes gemeinsames Ziel: leidenden Soldaten beizustehen mit aller Kraft. Wir brauchen unsere ganze Energie, meine Damen, wir können es uns nicht leisten, unsere Kraft in gesellschaftlichen und religiösen Grabenkämpfen zu verschleudern.« Mit wachen Augen schaut sie in die Runde. Gesenkten Blickes lenken die Frauen ein.

Gut ausgerüstet vertrauen sie sich der »Vectis« an, die Kurs auf Konstantinopel nimmt. An Deck wimmelt es von Kakerlaken. Das alte Schiff strotzt vor Dreck, schlingert obendrein, sodass die Reisenden seekrank in ihren Kabinen kauern. Ein heftiger Sturm stürzt sie in Todesangst. Schweres Kriegswerkzeug muss über Bord geworfen werden, um das Schiff zu erleichtern.

In Malta ist schließlich ein kurzer Landgang möglich, aber Florence ist zu krank, um das Schiff zu verlassen. Sie grübelt: Vor fünf Monaten haben überladene Kriegsschiffe das Mittelmeer befahren. Wie mag es damals den Soldaten zumute gewesen sein? »Nur für einen Blitzkrieg«, stand in der Zeitung. Inzwischen ist es Oktober und kein Kriegsende in Sicht. Sie erinnert sich an jenen Morgen, an dem laut und bunt das Militär durch die Harley-Straße zog. Sie hat die jungen Männer mit ihren entschlossenen Mienen gesehen und die ganz jungen, noch halbwüchsigen Trommler ganz vorne in der Parade mit leuchtenden Augen. Wie mochte es ihnen ergangen sein? »Viele sind bereits der Cholera erlegen«, berichtete Russell in seinem Artikel aus dem Kriegsgebiet.

Endlich ist der Morgen angebrochen, an dem die »Vectis« wohlbehalten in den Bosporus einfährt. Der Sturm hat sich gelegt, die Frauen stehen an der Reling und schauen gebannt auf die Silhouette Konstantinopels, die sich ihnen lautlos und langsam nähert. Der Anblick im Morgenlicht ist wie ein Märchen. Die aufgehende Sonne hat die Marmorpaläste und die Moscheen mit ihren schlanken Minaretten in glänzendes Gold getaucht. Dazwischen kleben unzählige kleine Holzhäuser wie Schwalbennester an den steilen Hängen der Stadt, so, als hätten die Straßen nicht genügend Platz für Wohnungen. Die Ladys stehen fasziniert und schauen …

Nur Florence starrt in eine andere Richtung. »Dort oben auf dem Hügel, das riesige graue Gebäude – das muss das Lazarett von Skutari sein, das Barracks-Hospital.«

In der Nähe des alten Serails geht das Schiff vor Anker. Auch hier im Hafenbecken drängelt es von allen Seiten, kämpfen Segelschiffe, Raddampfer, Lastkähne, Passagierschiffe um das Vorfahrtsrecht. Ein Gewirr von Schornsteinen, Flaggen, Segeln und Masten nimmt den Ankommenden die Sicht, tausend Stimmen und Geräusche, Klingeln, Hupen, Rasseln lassen keinen Zweifel zu, dass die kühlen Europäerinnen im Orient angekommen sind.

Der britische Botschafter in Konstantinopel, Lord Stratford, hat zur Begrüßung der Damen seinen Sekretär geschickt. Lord Napier ist reserviert – er hofft, so sagt er, den Ladys gehe es gut. In Wirklichkeit will er gar nicht erfahren, wie elend sie sich nach der stürmischen Überfahrt fühlen. Mit knappen Worten setzt er die Gruppe davon in Kenntnis, dass bald ein Schiff mit achthundert Verletzten und Cholerakranken aus Balaklava anlegen wird. Dort habe es eine sehr blutige Schlacht gegeben, die schwere Opfer gefordert habe.

»Dann kommen wir gerade richtig«, stellt Florence trocken fest, während sie mit ihrer Gruppe in kleinere Boote umsteigt. Sonne, leichter Seegang und lauer Wind tun wohl, wenn man das aufgewühlte Mittelmeer hinter sich gelassen hat. Florence setzt ihr Gesicht sehnsüchtig den milden Sonnenstrahlen aus. Träumt sie oder ist es wahr? Sie ist da, wo sie sein will, keine Macht der Welt konnte sie hindern.

Starke Männerarme ergreifen die schweren Ruder. Die Bootsleute befördern ihre seltenen Passagiere bis in die Nähe des Lazaretts. Über schmale, schlüpfrige Bretter steigen die Ladys aus. Noch schwankt der Boden unter ihren Füßen, noch sind die Knie weich. Florence ordnet ihr Haar und schaut sich um. »Dort geht ein Weg nach oben«, stellt sie fest, aber ganz sicher ist sie nicht. Gibt es keine feste Straße zur Kaserne?

Der Bootsführer verneint. »Dies ist der richtige Weg«, und er zeigt auf die tiefen Wagenfurchen im Lehm.

Der Weg zum Barracks-Hospital ist nach anhaltendem Regen eine schmutzige Schlidderbahn, und die Frauen müssen sich Meter um Meter mühsam erkämpfen. Soldaten mit dicken Verbänden und blutverkrusteten Uniformen sitzen tatenlos herum und amüsieren sich über das seltene Schauspiel. Endlich haben die Ladys keuchend das große Eingangstor erreicht.

Erwartungsvoll schauen sich die Frauen im langen, dunklen Korridor um. Es riecht dumpf und modrig. Die schmutzigen Fliesen im Flur klappern unter ihren Schritten. Ist denn da niemand, um sie zu begrüßen?

Florence verstellt einem Pfleger den Weg: »Entschuldigung, wie, bitte, finden wir hier den Chefarzt?«

Der Franzose grinst: »'ier ist das Büro, die Ärzte 'aben schon gesprochen über Sie, sie sagen, sie wollen nichts zu tun 'aben mit Weibern. Sie werden es 'ier nicht gut 'aben, Mesdemoiselles.«

»Unsinn«, erwidert Florence scharf. »Die britische Regierung hat uns doch hierhergeschickt, damit wir den Ärzten helfen!«

»Wie Sie meinen, Miss, 'ier ist das Büro. 'ören Sie selbst, was die 'erren sagen. Sie wollen Sie sofort wieder nach 'ause schicken.«

Leider hat der Franzose die Wahrheit gesagt. Florence ist mit ihren Schwestern überhaupt nicht willkommen.

»Noch nie hat es beim Militär Pflegerinnen gegeben«, befindet der leitende Arzt Dr. Menzies. »Und wir wollen auch jetzt keine, meine Damen, Kriegsministerium hin, Kriegsministerium her!« Er ist nicht einmal aufgestanden, um ihnen die Hand zu reichen. »Der Krieg ist Männersache, Frauen mit ihren speziellen Wünschen würden den Betrieb nur stören und uns im Weg stehen. Sie werden vergeblich darauf warten, dass wir Sie in die Krankensäle lassen.«

Florence nimmt Haltung an. »Gut«, sagt sie, »wenn Sie uns

nicht zu den Kranken lassen wollen, dann werden wir eben so lange vor den Türen warten, bis Sie uns brauchen. Und Sie werden uns brauchen, meine Herren – nach allem, was wir vom Schlachtfeld Balaklava gehört haben! Bestimmt jedoch werden Sie für uns eine Unterkunft vorbereitet haben.«

»Die ›Vectis‹ hat Platz zum Schlafen und fährt in wenigen Tagen wieder zurück, meine Damen. Dort sind Sie besser aufgehoben.«

Entgeistert starren die Frauen Florence an. Die ringt schweigend nach Worten. Spannung liegt in der Luft. Da räuspert sich einer der Offiziere. »Die Wohnung von Major Smith steht zurzeit leer. Er ist nach Balaklava abgereist. Wir könnten Sie einstweilen dort unterbringen. Es wird allerdings sehr eng werden für achtunddreißig Personen in vier Räumen – doch es müsste sich machen lassen.«

Als die Frauen die Wohnung betreten, wird gerade die halb verweste Leiche eines russischen Majors hinausgetragen, dann kommen Soldaten, um schmale Holzpritschen aufzustellen. Mit Müh und Not bringt man die unerwünschten Gäste in der Majorswohnung unter. Gerne würden sie die Wohnung reinigen, bevor sie sich niederlassen, aber wo gibt es Sachen zum Putzen? Kein Eimer? Kein Schrubber? Kein Wasser? Man erklärt ihnen, dass das Wasser knapp sei, aber man sagt ihnen für die nächste Zeit pro Kopf einen halben Liter pro Tag zu.

»Leider gibt es keine Kochgelegenheit!«

»Wir werden schon irgendwie zurechtkommen.« Flo bemüht sich, zuversichtlich zu klingen, obwohl sie einen dicken Kloß im Hals hat. Sie hofft, dass eine Änderung eintritt, wenn die Schiffe mit den Verletzten von Balaklava eintreffen, und sie beruhigt den aufgeregten Frauenschwarm. »Wir müssen geduldig sein, auch wenn es uns schwer fällt. Vergessen Sie nicht, wo wir uns befinden! Das oberste Gesetz beim Militär heißt, sich jeder Anordnung zu fügen.«

In der Hölle von Skutari

Vier Tage lang warten die arbeitslosen Schwestern geduldig, jedoch nicht ohne Vorbereitungen für einen ersten Einsatz zu treffen: Strohsäcke werden die Verwundeten zu schätzen wissen, alte Bettwäsche muss geflickt oder zu Verbandszeug verarbeitet werden. Die Frauen haben alle Hände voll zu tun, können aber erst einmal keinem einzigen Verwundeten in Skutari helfen. Mrs Roberts, die leitende Schwester, schimpft: »Wir sind wie Pferde, die die Peitsche spüren, losrennen wollen und gleichzeitig abgebremst werden! Das ist doch nicht zum Aushalten!«

Florence versucht indessen, unbemerkt hier und da einen Einblick in den Betrieb des Lazaretts zu bekommen. Sie schaut in die Krankensäle und wirft einen kurzen Blick in die Küche. Schockiert kommt sie zurück. »Die Verletzten bleiben unversorgt. Die Küche liefert hin und wieder eine dünne Brühe. Viele Kranke liegen auf dem kalten Fußboden, manche haben nicht einmal eine Decke. Der Platz reicht bei Weitem nicht für alle, und die Cholerakranken gehören auf eine Isolierstation, aber die gibt es nicht. Der Schmutz ist unbeschreiblich, und es riecht fürchterlich. Viele Patienten teilen sich einen Toiletteneimer. Sie lehnen es ab, die Latrinen aufzusuchen, weil diese überlaufen und eklige Überschwemmungen anrichten. Dazu das Stöhnen und Wimmern der Verletzten – ich glaube, wir sind im Vorhof der Hölle gelandet!«

»Und wo sollen die achthundert neuen Verletzten hin?«

Flo weiß es nicht. Die vielen Säle sind schon jetzt überfüllt. Eine ihrer Schwestern will die hämische Prophezeiung eines Offiziers aufgeschnappt haben: »Spätestens bei Ankunft des Schiffes werden die sauberen Ladys panisch ihre Taschen packen …«

»Sie werden sich wundern«, meint Florence, während sie zuversichtlich in die Runde schaut. »Ich habe hier wunderbare, mutige Frauen. Wir werden unseren Kampf gemeinsam aufnehmen – und Gott steht uns bei.« Entschlossenheit geht wie ein Ruck durch die Reihen, eine Mischung aus Gottvertrauen und trotziger Macht der Verzweifelten.

Bald ist es soweit. Ein Schiff hat sich mit lauter Sirene angekündigt. Am Ufer packt man die zerschossenen Männer in türkische Arabas, kleine Karren mit zwei Rädern, die von struppigen Pferden den gefurchten Lehmweg hochgezogen werden. Bei jeder Bewegung hört man Stöhnen und Schreien. Der trostlose Treck will nicht enden.

Auch William, der siebzehnjährige Infanteriesoldat, liegt auf einem solchen Fahrzeug, und sein zwölfjähriger Freund Robbie hält sich krampfhaft daran fest, mit letzter Kraft hinterherstolpernd – er hat Angst, in diesem Durcheinander seinen Freund zu verlieren. Viele Stunden verharren sie inmitten der achthundert Verletzten und Sterbenden im zugigen Flur der Kaserne. Hunger und Kälte setzen ihnen schwer zu, während die nervösen Ärzte und Pfleger diese Flut von Notfällen zu dirigieren versuchen.

Endlich – eine Ewigkeit hat es gedauert – kommen zwei Männer, heben den halb bewusstlosen William hoch und tragen ihn in einen großen Saal. Dort legt man ihn auf eine Holzplattform, die einige Zentimeter über dem Boden angebracht ist und um die ganze Zimmerwand herumläuft. Dicht an dicht liegen die Verwundeten nebeneinander.

»Weißt du, wie dieser Soldat hier heißt?«, fragt einer der Ärzte.

»Bitte, ich habe so Hunger und Durst«, flüstert der ausgehungerte Robbie matt.

»Sein Name?«, bohrt der Mediziner.

»Gefreiter William Jones, sechsundachtzigstes Infanterie-Regiment«, sagt Robbie tonlos. »Und ich bin Robbie Robinson, Trommler, sechsundachtzigstes Infanterie-Regiment.«

Die Männer verschwinden wieder. Kurz darauf trägt man einen großen, dampfenden Kessel in den Saal. Die heiße Flüssigkeit wird in billige Zinktassen gegossen und verteilt. Robbie versucht, ein wenig von der Flüssigkeit in Williams Mund zu träufeln, bevor er selbst trinkt. Es schmeckt nach Kohlwasser, aber der Junge schluckt es gierig, wenn auch mit Abscheu, herunter. Es ist gut, nach zehn Tagen etwas Heißes in den Bauch zu bekommen! Erschöpft legt er sich neben William und schließt die brennenden Augen. Da hört er ein Kratzen und Trappeln unter der Plattform, und er weiß, dass er sein Lager mit Ratten teilen wird. Übermüdet fällt er in einen tiefen Schlaf und sieht im Traum die Reiter mit den Lanzen, sieht die Pferde in einem Wirbel aus Staub und Beinen zu Boden gehen … Sieht, wie Schwerter und Säbel in die Luft schlagen. Er wacht von seinem eigenen Schrei auf. Es ist dunkel und ihm ist heiß, er zittert. Erst als er das Stöhnen der Männer und das Rascheln unter seinem Lager vernimmt, erinnert er sich. Muss er nun in diesem trostlosen Loch verrecken? Warum ist er nicht wie die vielen andern auf dem Schlachtfeld gestorben? Das wäre besser gewesen, findet er.

Die Lady mit der Lampe

DRAUSSEN AUF DEM Flur schimmert ein Licht. Es wird stärker, dann kommt es ins Zimmer, eine Lampe wirft große, unheimliche Schatten an die Wand. Eine Gestalt schreitet leise im Zimmer umher, hält neben jedem Soldaten an, sagt ein paar Worte und geht dann weiter. Robbie stützt sich auf seinen gesunden Ellenbogen. Jetzt leuchtet das Licht an Williams Lager, und er hört das Rascheln eines langen Kleides auf dem Boden. Eine Frau? Beim Militär? Sie hat Williams schlaffe Hand in ihre genommen und verweilt einen Augenblick, indem sie leise mit ihm spricht, und nun kommt sie auch zu Robbie. Ein kurzer Lichtschein erleuchtet ihr feines Gesicht. Es scheint dem Jungen das gütigste Frauengesicht auf der Welt zu sein. Er fühlt ihre kühle Hand auf seiner Stirn.

»Meine Güte, du glühst ja vor Fieber – wie heißt du denn?«

»Robbie Robinson, Trommler beim sechsundachtzigsten Infanterie-Regiment.« Dann weist er auf William und sagt: »Miss, mein Freund braucht dringend Hilfe, sonst stirbt er. Ich habe nur eine kleine Wunde an der Hand, aber ihm wurde das Bein kaputt geschossen.«

»Wir werden sehen, Robbie, aber versuche jetzt, ein wenig zu schlafen.«

Florence Nightingale hatte dem übermüdeten Chefarzt am Abend die Erlaubnis für einen Rundgang abgerungen. Er hatte genickt und sich auch für seine Barschheit entschuldigt. In dieser langen, dunklen Nacht hat sie jeden Patienten besucht, Trost und Mut zugesprochen, Sterbenden die Hand gehalten. Erst in den Morgenstunden kann sie selbst ein wenig Schlaf finden.

Flo feiert still ihren kleinen Sieg, aber sie spürt nach wie vor den großen Widerstand in der gesamten militärischen Pflegerschaft gegen weibliche Hilfe.

»Wir müssen behutsam sein, damit die Tür zur Hölle offen bleibt«, erklärt Miss Nightingale ihren Damen und fährt mit einer Anspielung auf Worte von Jesus fort: »Wir müssen klug sein wie die Schlangen und ohne Falsch wie die Tauben.«

Am nächsten Morgen gibt es neue Unruhe in einem der Krankensäle. Neben dem Stöhnen der Kranken sind auch Frauenstimmen zu hören. Eine schimpft lautstark: »Wenn ich das gewusst hätte, dass wir hier Toilettenkübel schleppen anstatt Kranke zu pflegen, dann wäre ich lieber zu Hause geblieben!«

Florence Nightingale antwortet in festem Ton: »Dann haben Sie den Auftrag gründlich missverstanden! Solange wir darauf warten müssen, dass wir um die Pflege gebeten werden, solange werden wir eben Böden schrubben und Toiletteneimer leeren!«

Robbie richtet sich auf. Das ist die Dame mit der Lampe von gestern Abend!

»Miss!«, ruft der kleine Trommler verzweifelt, »wo ist mein Freund? Er ist weg!«

»Pst, Robbie!«

Florence eilt an sein Lager. Sie trägt über dem schwarzen Wollkleid mit weißen, hochgekrempelten Manschetten eine dunkelgraue Schürze. »Dein Freund ist abgeholt worden. Sein Bein muss amputiert werden.«

»Bitte, Miss, helfen Sie ihm, er hat sicher große Angst!«

»Ja, ich gehe gleich zu ihm, sobald wir diese Sache erledigt haben, und dann komme ich auch zu dir.«

William liegt auf einem normalen Küchentisch in einem der Krankensäle. Ein Arzt hantiert an einem anderen Tisch. Der junge Soldat weiß, dort wird der feiste Mann mit dem blutbespritzten Hemd unter den Hosenträgern die Instrumente bereit machen, und er schließt panisch die Augen. Da fühlt er eine behutsame Hand auf seinem Kopf. Die Dame mit der Lampe ist gekommen, um ihm beizustehen, sie hat ihr nächtliches Versprechen eingelöst.

»Ich habe solche Angst«, stößt William hervor und bedeckt seine Augen mit den Händen.

Florence nickt. »Jeder hat Angst, William, wenn er amputiert wird, dafür muss sich niemand schämen, auch nicht der stärkste Mann. Soll ich bei dir bleiben, bis alles vorüber ist?« William nickt. »Danke«, flüstert er kaum hörbar.

Und dann ist der Chirurg schon über ihm und setzt die Säge an. Florence zuckt zusammen: »Bitte, Herr Doktor, geben Sie

ihm doch etwas Chloroform! Er ist doch ein halbes Kind!«
»Chloroform ist ein Luxus hier bei uns«, antwortet Dr. Hall
gereizt, »der plötzliche Schmerz durch das Messer belebt ko-
lossal, und das hier sind Soldaten.«

Starke Männerhände halten William fest und drücken ihn
nach unten, ein gellender Schrei entfährt dem Jungen, den
er gar nicht als seinen eigenen erkennt, dann fällt er in Ohnmacht.

Im großen Krankensaal wartet Robbie auf seinen Freund. Da
kommt die Schwester, mit einer großen Schere setzt sie sich
an sein Lager. »Wir müssen den Verband aufschneiden, um zu
sehen, was deine Wunde macht.«

Vorsichtig befreit sie den Arm des Jungen von einem
schmutzigen Tuch. Ihre Hände riechen frisch, nach Seife. Eine
eiternde und rot geschwollene Hand kommt zum Vorschein.
Der Junge stöhnt vor Schmerzen.

»Oh weh, Robbie, das habe ich mir gedacht. Die Hand ist
schwer entzündet. Kein Wunder, dass du solche Schmerzen
und Fieber hast. Und siehst du hier den roten Streifen? Du
hast eine Blutvergiftung.« Florence seufzt. »Robbie, schau
mich an«, bittet sie eindringlich, »hör mir jetzt genau zu.«
Ihre Augen halten seinen Blick fest. »Ich weiß nicht, ob deine
Hand gerettet werden kann. Das Wichtigste ist, dein Leben zu
retten. Verstehst du das?«

Das Zimmer beginnt, sich vor den Augen des Jungen zu
drehen, das Fieber schüttelt ihn. Die Stimme der gütigen Frau
hört er nur noch ganz leise: »Ich meine, vielleicht muss der
Arzt deine Hand abschneiden. Du musst tapfer sein, das ist der
einzige Weg.«

An diesem Tag hat Flo die ausdrückliche Erlaubnis der Leitung bekommen, pflegerisch tätig zu sein. So kann sie William

und Robbie und vielen Soldaten in ihren schwersten Stunden beistehen.

Aber es kommt zu einer Konfrontation mit den Ärzten. Florence ist außer sich: »Warum liegen die Männer auf der nackten Erde?«, herrscht sie die Offiziere an. »Wenn sie nicht an ihren Wunden sterben, dann an Erkältungskrankheiten! Warum sind sie nicht mit Wolldecken versorgt? Warum liegen sie da in ihren blutverkrusteten Uniformen?«

Der leitende Offizier muss ihr wohl oder übel antworten. »Sie haben recht, Miss Nightingale, aber wir sehen keine Möglichkeit, die Missstände zu beheben. Wir bekommen von der Regierung keine Mittel, um die Soldaten einigermaßen würdig zu versorgen.«

Der Arzt schaut sie hilflos durch die dicke Brille an. »Wir haben ja nicht einmal einen OP-Raum. Die Säle sind alle überbelegt, und operieren müssen wir auf einfachen Küchentischen.«

»Vor den Augen und Ohren der Schwerkranken – und dazu noch ohne Chloroform!«

»Wir haben alles getan, was wir konnten, Miss Nightingale, aber lassen Sie uns draußen weiterreden, nicht hier bei den Kranken.«

Florence dämpft ihre Stimme: »Wie viele Narkoseärzte haben Sie denn hier?«

»Narkotiseure? Ich würde jubeln, wenn ich einen einzigen hätte!«

Miss Nightingale bleibt mitten im schmutzigen und feuchten Flur stehen. Ihr schönes Gesicht ist ganz weiß und ihre Lippen zittern. »Noch nie in meinem Leben habe ich so etwas Entsetzliches gesehen. Warum sind die Säle und Flure nicht wenigstens sauber, und warum bekommen die verlausten Kranken weder ein Bad noch reine Wäsche?«

Das Gesicht des Arztes ist rot angelaufen, und jetzt platzt ihm der Kragen. Er bemüht sich, seine Stimme zu dämpfen, während er antwortet: »Miss Nightingale, Sie haben keine Ahnung, wie es im Krieg bei der Armee zugeht. Darum wollten wir auch Sie und Ihre Schwestern nicht hier haben. Wir wussten von vornehrein: Frauen würden hier nur herummeckern. Wir Männer haben uns daran gewöhnt, dass es im Krieg rau zugeht. Ich empfehle Ihnen, Miss Nightingale: Nehmen Sie Ihre Schwestern und machen Sie, dass Sie mit dem nächsten Schiff nach Hause kommen!«

Er dreht sich auf dem Absatz um und will davongehen. Aber Florence ruft ihm hinterher: »Ich werde nicht nach England zurückfahren. Und noch weniger werde ich mich mit diesen Zuständen hier abfinden! Ich bin von der Regierung beauftragt, die Pflege der Kranken hier zu übernehmen. Und damit fange ich jetzt an!«

Das kann nun jeder mithören. Die Ärzte starren die energische Frau sprachlos an.

Die Heerestruppe Nightingale

»Haben Sie Soldaten, die den Flur schrubben können?«, fragt Miss Nightingale.

»Schrubben? Ich denke, ja. Aber womit? Wir haben hier keine Schrubber! Und auch kein Geld! Die Heeresleitung gibt uns keinen Penny für solche Zwecke!«

Florence richtet sich auf: »Geld, meine Herren, habe ich! Wir brauchen die Heeresleitung nicht zu belästigen.«

Der Offizier hüstelt, er will etwas einwenden, redet von Dienstweg-Vorschriften, aber Florence schneidet ihm das Wort ab: »Daran haben Sie wohl nicht gedacht, dass das britische Volk für seine Verwundeten Geld gesammelt haben könnte?« Mit keinem Wort erwähnt sie, dass sie allein dreißigtausend Pfund – das entspricht 175 000 Euro – gespendet hat.

»Wie viele Schrubber möchten Sie haben? Zweihundert? Wir kaufen ganz Konstantinopel auf, wenn es sein muss! Ich habe bereits eine lange Liste angelegt, und ich möchte die notwendigen Dinge sofort anschaffen.« Florence zieht einen kleinen Notizblock aus der Schürzentasche. »Hier, sehen Sie: Hemden, Strümpfe, Unterhosen, Decken, Tabletts, Tische, Uhren, Gabeln, Messer, Löffel, Teller. Einige wichtige Dinge habe ich bereits in Marseille gekauft. Ich bin sicher, dass wir in wenigen Wochen hier ungehindert und erfolgreich arbeiten können.« Sie lächelt die verdutzten Herren an und schreitet davon.

Mit diesem Tag hat die »Heerestruppe Nightingale« ihren Fuß in der Tür zur »Hölle«. Mit ihren achtunddreißig Schwestern rückt Florence dem Schmutz zu Leibe. Überall hört man das kratzende Geräusch der Schrubber. Müllberge werden abgetragen, und die Rattennester unter der Müllhalde im Innenhof müssen weichen. Aber es gibt noch ein großes Problem. »Das gesamte Abwasser-System gehört erneuert!«, stellt Florence fest, nachdem sie immer wieder erlebt hat, wie der Rückstau aus den Leitungen die Fäkalien ins Haus schwemmt.

Abends, wenn es im Haus ruhig wird, blicken die Soldaten wie gebannt zur Tür. Wird die Lady kommen? Wann wird sie kommen? Zu wem wird sie gehen?

Endlich kündigt der schwache Lichtschein einer Petroleumlampe an, dass sie unterwegs ist. Das Licht wird stärker, es kommt in den großen Saal. Die Soldaten sehen den wandernden Schatten an den Wänden, während Florence von Lager zu Lager geht, ruhig und konzentriert, als hätte sie alle Zeit der Welt. Wenn sie da ist, verstummen die Flüche, scheinen die Schmerzen erträglicher – ein Hoffnungsschimmer für viele. »Wenn ich nur ihren Schatten küsse, dann ist es, als würde die Angst weichen«, sagt einer.

95

Inzwischen haben die Freunde Robbie und William das Schlimmste überstanden und dafür einen hohen Preis bezahlt. Robbie seufzt: »Ich kann nie mehr trommeln«, und William entgegnet: »Du hast viel mehr Glück als ich. Was fange ich mit einem Bein an?«

Sie vertreiben sich die Zeit mit Strohhalmspielen und mit den Geschichten, die im Lazarett kursieren.

»Stell dir vor, die Leute erzählen von Lord Raglan, dass er auf dem OP-Tisch nach der Amputation seines Armes gewettert hat: ›Werfen Sie den Arm nicht weg! An der Hand steckt noch der Ring, den meine Frau mir geschenkt hat!‹«

»Dass er da überhaupt noch reden konnte, kann ich nicht glauben«, sagt William bitter. Mühsam richtet er sich auf. »Hätte ich doch wenigstens eine Krücke!«, jammert er.

»Wir sollten die Lady um Krücken bitten«, rät Robbie.

Was heißt hier Gesindel?

Florence sucht nach einer Möglichkeit, wie sie schnell erfährt, wenn etwas im Lazarett passiert. Eines Tages spricht sie in einem unbeobachteten Moment den Jungen Robbie an: »Ich brauche dich nötig«, sagt sie leise. »Möchtest du meine rechte Hand sein?«

»Ihre rechte Hand, wie geht das?«

»Du hast sicher gemerkt, dass wir Schwestern nicht alles tun können, was wir möchten.« Robbie nickt, er weiß, wovon die Lady spricht.

»Ich brauche jemanden, der hier im Lazarett die Augen aufhält und mich informiert über alles, was hier vorgeht.«

»Wie ein Spion?«

Florence muss lachen: »Ja, so ungefähr, denn niemand wird

sich etwas dabei denken, wenn du überall herumstromerst. Willst du?«

Robbie strahlt. »Jetzt tue ich mit einer Hand mehr als früher beim Trommeln mit zwei Händen!«

»Sei so gut, Robbie, und bring mir diesen Brief zum Hafen. Er muss dringend mit dem nächsten Schiff nach England gehen.«

»Wird gemacht, Miss Nightingale!«, ruft der Junge und läuft eifrig davon.

Durch Robbie erfährt Florence auch von Willliams Wunsch, Krücken zu bekommen, damit er wieder gehen kann. »Natürlich, Krücken brauchen wir eine ganze Menge, Robbie. Ich habe mich in der Stadt umgeschaut und tausend Krücken in Auftrag gegeben.«

»Tausend Stück! Mannomann!«

»Das ist erst ein Anfang, wir brauchen viel mehr! Seit einigen Tagen liegen auch im städtischen Krankenhaus Verwundete vom Krimkrieg – siehst du das große, langgestreckte Gebäude dort unten am Fuß des Berges? Täglich kommen dort neue Patienten hinzu, seitdem unser Lazarett überfüllt ist. Unsere Schwestern sind auch da im Einsatz. Wir haben alle Hände voll zu tun. Robbie, ich brauche deine Hilfe, wenn ich nachts nach den Männern schaue. Würdest du mir die Lampe tragen und mich auch ins städtische Hospital begleiten?«

Florence nutzt die Nachtstunden, wenn alles schläft, für diese Visiten und zum Briefeschreiben. Sie schreibt den Hinterbliebenen der Gefallenen persönliche Trostbriefe. Robbie sorgt dafür, dass sie beide Hände frei hat, um kleine pflegerische Handreichungen zu tun, und er bringt ihre vielen Briefe zum Hafen. Flo hält den Minister auf dem Laufenden über alles, was sie in Skutari erlebt, und auch ihre Familie bekommt regelmäßig Post.

Sidney Herbert ist bestürzt zu hören, wie schlimm es in

Wirklichkeit um die Versorgung der Verwundeten bestellt ist – seine größten Befürchtungen werden weit übertroffen. Dr. Menzies hat ihm noch kürzlich versichert, alles sei in bester Ordnung. Die gesammelten Gelder könne man getrost für einen guten anderen Zweck verwenden, etwa für den Bau einer Kirche. Einer Delegation, von Sidney Herbert nach Konstantinopel gesandt, will der Chefarzt ebenfalls weismachen, dass das Lazarett ohne Hilfen aus England zurechtkomme.

Dass der Reporter William Howard Russell von der »Times« in Skutari und Balaklava herumschnüffelt, ist für die Armeeleitung mehr als ärgerlich. Man hat ihn nie eingeladen! Seine Artikel in der »London Times« stellen die gesellschaftliche Ordnung in England rücksichtslos infrage, denn die Not der armen Leute wird dort als völlig »normal« empfunden. Die Soldaten kommen aus den Elendsvierteln. Das »Gesindel« aus den Dorfkaten gilt als minderwertiger Abschaum, der nur durch eine harte Hand gebändigt werden kann. Was tut es, wenn einige sterben? In den Elendsvierteln gibt es doch genug von dieser verlausten Sorte! Pflege und menschenwürdige Behandlung oder gar Bettwäsche und Diätkost könnten größenwahnsinnige Vorstellungen der Gleichberechtigung erwecken. Nach dem Krieg würde sich dies verhängnisvoll auswirken, befürchtet das offizielle England. »Verwöhnen Sie doch diese Bestien nicht so«, muss sich Florence Nightingale anhören. Dazu stellt sie schmerzlich fest, dass die Korruption unter den Beamten und die Bereicherungssucht von Heereslieferanten die Versorgung der Truppen verhindern. Die für das Heer zur Verfügung gestellten Finanzen und Hilfsmittel kommen einfach nicht an!

Florence erkennt bald, dass sich ihre Aufgabe nicht auf die unmittelbare Hilfe beschränken kann. An Sidney Herbert schreibt sie: »Ich weiß jetzt, dass mein Kampf an mehreren Fronten stattfindet. Neue Pflegemethoden und der Einsatz für weibliche Pflegerinnen beim Militär können nicht mehr meine einzige Aufgabe sein. Es gilt für unser gesamtes Volk, eine menschliche Grundhaltung zu den einfachen Menschen zu entwickeln. Soziale Reformen sind längst überfällig, und wir müssen mit aller Konsequenz gegen den verrotteten, unbeweglichen Dienstwegmechanismus ankämpfen.«

Inzwischen ist der Winter hereingebrochen. Es wird eiskalt in der Türkei, hohe Schneemassen versperren die lebenswichtigen Transportwege. Der Kriegsminister hat große Mengen notwendiger Güter auf die Reise geschickt. Niemand weiß jedoch, wo diese geblieben sind. Vielleicht im türkischen Zoll? Ein einziges Schiff erreicht das Schwarze Meer, voll beladen mit Winterkleidung und anderen Hilfsmitteln. In einer stürmischen Nacht versinkt es in den hoch aufgepeitschten Fluten – und wieder greift die begüterte Frau in ihre eigene Schatulle, um die hustenden und frierenden Soldaten an der Front mit warmer Kleidung zu versorgen.

Eines Tages ist ein Schiff vor Anker gegangen, und Robbie beobachtet, wie Soldaten ein Fass nach dem andern auf das Dock rollen. Unten steht »die Bulldogge«, so nennen die andern den Versorgungsoffizier wegen seiner schwabbeligen Hängebacken.

»Was machen Sie denn da?«, schreit der dem Offizier an Deck zu.

»Keine Ahnung«, ruft der Mann von oben. »Wir haben den Auftrag, diese Ladung nach Skutari zu bringen!«

»Und was für ein Zeug ist das?«

»Limonensaft! Gehört alles Ihnen!«

Aufgeregt blättert der Versorgungsoffizier in seinen Akten und schüttelt den Kopf.

»Wir haben keinen Limonensaft bestellt, was soll dieser Unsinn? Nehmen Sie das Zeug umgehend wieder mit. Da muss ein Irrtum vorliegen!«

»Ha, ha«, lautet die Antwort. »Das ist jetzt Ihr Problem!«

Robbie ist ärgerlich. Das ist wohl wieder ein typischer Fall von »militärischem Durcheinander«, wie die Lady es immer nennt. Einer sagt »hü«, der andere »hott«, und niemand weiß wirklich, was Sache ist. Nein, damit will er Miss Nightingale nicht belasten. Wie würde sie sich über eine Ladung Obst und Gemüse für die Patienten freuen! Oder über die Wolldecken, die sie vor einigen Wochen in England bestellt hat – oder über die Öfen mit langen Ofenrohren für die kalten Krankensäle! Die kleinen Kohlenfeuerbecken aus Marseille können die Kälte nicht wirklich bekämpfen. Viele Soldaten haben die Grippe bekommen. Dabei sorgen Durchfallerkrankungen, Skorbut und Unterernährung schon für genug Probleme.

»Ich möchte, dass du jeden Tag über die Docks gehst, Robbie«, sagt Miss Nightingale, »und mir sofort berichtest, wenn diese Armeedecken entladen werden.«

Fast das Ende

So kommt es, dass Robbie an jenem Tag unten im Hafen steht, als eine ganz besondere »Ladung« geliefert wird. Drei Ruderboote haben von einem britischen Segelboot abgelegt und nähern sich dem Kai. Das erste ist voll beladen mit vornehmen Ladys, alle elegant gekleidet und mit spitzenbesetzten Schirmen ausgerüstet. Sie sind guter Dinge, reden und gestikulieren beim Anblick der prächtigen Silhouette von Konstantinopel. Ein zweites Boot legt an. Hier steigen Damen in merkwürdiger schwarzer Tracht aus, ihre Köpfe sind mit langen, schwarzen Schleiern bedeckt. »Sehen so katholische Nonnen aus?«, rätselt Robbie.

Schließlich entsteigt einem dritten Boot ein weiterer

Schwarm Frauen. Sie sind einfach gekleidet und wie die anderen sehr aufgeregt. Eine große Frau aus der Gruppe der Schwarzen spricht mit den Matrosen, und diese zeigen auf das mächtige Lazarett.

»Was wollen die Ladys im Lazarett? Oh weh, ich ahne nichts Gutes, ich muss Miss Nightingale informieren!« Robbie rennt los. Noch nie ist er so schnell den Berg hinaufgekommen. Japsend platzt er in Miss Nightingales Büro. Hier haben sich die Pflegerinnen gerade zu einer Dienstbesprechung versammelt.

»Da kommt ein großer Schwarm Frauen!«, keucht er. »Nonnen und Ladys … und noch mehr! Sie sind unterwegs hierher!«

Florence Nightingale runzelt die Stirn: »Was redest du für ein dummes Zeug, Robbie. Siehst du nicht, dass du uns störst mit deinen Geschichten? Wir haben keine Zeit für Späße!« Sie will sich wieder den Schwestern zuwenden. Aber Robbie vergisst seine guten Manieren, nimmt sie bei der Hand und zieht sie auf den Flur. »Sie werden jeden Moment hier ankommen, Miss Nightingale!«

Als sie um die Ecke zur Eingangshalle biegen, steht dort bereits die große, füllige Nonne, umgeben von vielen anderen Frauen. Florence holt tief Luft. Dann fragt sie kühl und geschäftsmäßig: »Kann ich Ihnen behilflich sein?«

Die mächtige Person baut sich vor der schlanken Florence gewichtig auf und mustert sie von oben bis unten. »Möglicherweise! Ich bin Mutter Bridgeman. Wir sind gekommen, um unserem Land zu dienen. Diese Damen hier sind freiwillig bereit, unseren armen, tapferen Männern zu helfen. Ich möchte den Vorgesetzten sprechen.«

Florence nimmt Haltung an. »Mein Name ist Florence Nightingale. Ich bin beauftragt, den Pflegedienst zu leiten. Ich bin nicht darüber informiert, dass Sie kommen würden. Wir haben im Augenblick keine Verwendung für Sie. Es tut mir leid. Ich bin sicher, das nächste Schiff wird Sie nach England zurückbringen.«

Aber Mutter Bridgeman lässt sich nicht abfertigen, und es kommt zu einer langen Serie unangenehmer Konflikte.

Flo holt Major Sillery. Der steht der Situation hilflos gegenüber und sagt doch tatsächlich: »Sie haben mehr Erfahrung, Miss Nightingale, lösen Sie bitte dieses Problem.«

Florence Nightingale ist noch nie so wütend gewesen. Sidney Herbert hat ihr etwas Unverdauliches eingebrockt. Er hat es zwar gut gemeint, aber manchmal ist das Gutgemeinte vom Teufel. Hat sie ihn nicht ausdrücklich gebeten, keine weiteren Pflegerinnen zu schicken? Wo bitteschön sollen denn diese vielen Frauen wohnen, wenn schon ihre Schwesternschar sich mit nur vier Zimmern begnügt! Was soll sie mit ungelernten Frauen anfangen? Hilfsbereitschaft allein genügt nicht in diesem Lazarett. Und die Nonnen? Sie haben gar nicht vor, pflegerisch tätig zu werden. Sie sind ausgezogen, um geistlichen Beistand zu leisten. »Unsere Männer bekommen geistlichen Beistand von den Pfarrern beider Konfessionen«, hat Florence erklärt.

»Und was tun Sie für ihr Seelenheil?«

»Ich bete für sie.«

Wozu eigentlich hat Mutter Bridgeman die vornehmen Damen im Gefolge? Nun, sie erhoffen sich eine interessante Abwechslung im geheimnisvollen Orient, um ihrer alltäglichen Langeweile für eine Zeit zu entkommen. Das kann Florence nur allzu gut verstehen, aber in dieser ernsten Situation hält sie es für absolut unangemessen.

Die Auseinandersetzung um diese böse »Überraschung« kostet Florence viel Kraft, und sie schreibt zum ersten Mal einen geharnischten Brief an ihren Freund Sidney Herbert: »Sie haben mich im Stich gelassen ... Alles, was ich Ihnen in meinen

Briefen gesagt habe, würde ich heute noch nachdrücklicher wiederholen ... Man kann vernünftigerweise nicht annehmen, dass ich mich durch all diese Schwierigkeiten hindurchfinde. Mein Boot ist gekentert. Noch klammere ich mich an seinem Boden fest. Aber wenn es einen Sturm gibt, wird er mich wegfegen ...«

Der Kriegsminister Sidney Herbert gibt in seiner Antwort zu, dass er unter dem massiven Druck der britischen Bevölkerung gehandelt habe. Er entschuldigt sich und bittet Florence inständig, ihren Posten, so schwer es auch sei, nicht zu verlassen. Er schlägt ihr vor, die Damen auf Staatskosten nach England zurückzuschicken.

Aber es zeichnet sich eine andere Lösung ab: Es gibt ein kleines Lazarett bei Balaklava auf der Krim – dort soll die »Bridgeman-Gruppe« eingesetzt werden, unter der Leitung des Chefchirurgen Dr. Hall. Das ist eine gute Nachricht für Florence.

Sie steht mit Robbie am Kai, als das Schiff mit Soldaten und dem Frauenschwarm nach Balaklava ablegt. Sie grämt sich um ihre »Kinder« – so nennt sie die ihr anvertrauten verwundeten Soldaten. Diese sind nun wieder einsatzfähig, um sich erneut den russischen Angriffen von der Festung Sewastopol zu stellen. Sie seufzt: »Wer weiß, ob wir sie je wiedersehen!«

»Ich hoffe, nie«, entfährt es Robbie. Florence schaut ihn entsetzt an, und da bemerkt Robbie das Missverständnis. »Ich meinte doch die Mutter Dampfwalze, Miss Nightingale«, sagt er.

Wieder trifft ihn ein irritierter Blick. »Wie nennst du sie?«

»Mutter Dampfwalze. William nennt sie auch so!«

Florence dreht sich um und schnäuzt sich in ihr Taschentuch, aber Robbie erkennt am Beben ihrer Schultern, dass sie es gezogen hat, um ihr Lachen zu verbergen.

Die Kommission

FLORENCE SITZT WIEDER an Williams Lager. Vor sechs Monaten hat er sein Bein verloren. Mit seinen heiß begehrten Krücken müsste er längst unterwegs sein. Aber er wird immer schwächer.

»William ist nicht der Einzige«, sagt sie später zu Robbie. »Die Sterberate hier im Lazarett steigt ständig an, und dabei hat sich die Pflege so sehr verbessert! Wenn sie nicht an Ruhr, Typhus oder Cholera sterben, dann wird der Skorbut sie umbringen.«

»Und das schreckliche Essen, diese brackige Suppe, fünfmal in der Woche!« Robbie verzieht sein Gesicht.

Miss Nightingale seufzt: »Wie oft schon habe ich die Küche bemängelt und nahrhafteres Essen für die Männer eingefordert! Wenn wir schon kein frisches Gemüse oder Obst für die Patienten bekommen, dann könnten wir wenigstens mit Limonensaft vieles verbessern.«

Robbie horcht auf: »Sagten Sie Limonensaft? Aber, Miss Nightingale, da liegen einhundertachtzig Zentner Limonensaft in einem Schuppen bei den Docks! Schon seit Dezember!«

Florence wird blass, dann zieht sie sich eilig den Mantel über und läuft, nein, fliegt den lehmigen Berg hinunter zu den Docks. Robbie kann kaum mithalten. Er hat ein schlechtes Gewissen. Aber er hat doch nicht geahnt, wie wichtig dieser Saft für die Soldaten sein könnte! Florence marschiert direkt ins Büro des Versorgungsoffiziers. Die »Bulldogge« hat nichts zu tun. Der Mann sitzt hinter dem Schreibtisch und hat seine Stiefel auf den Tisch gelegt. Bei dem Versuch, Haltung anzunehmen, fällt er fast vom Stuhl.

»Wo ist der Limonensaft? Bringen Sie die Fässer schnell, möglichst heute noch, ins Krankenhaus«, herrscht sie den verdatterten Mann an.

»Wie bitte? Der Limonensaft? Aber es wurde kein Limonensaft bestellt. Ich habe im Essensplan des Krankenhauses nachgesehen.«

»Und? Haben Sie je daran gedacht, im Krankenhaus nachzufragen, ob man den Saft vielleicht brauchen könnte? Nein! Und mittlerweile sterben die Soldaten an Vitaminmangel, weil sie kein Obst bekommen!« Florence ist außer sich.

Der Offizier versucht sich herauszureden: »Wir haben unsere Vorschriften, Miss Nightingale, bitte lassen Sie ein ausgefülltes Bestellformular von Major Sillery unterschreiben, die Sache geht dann ihren Weg durch die Instanzen …«

»Nein, ich warte keinen Tag länger auf den Saft. Ich möchte den Limonensaft innerhalb einer Stunde im Krankenhaus haben – oder Sie sind Ihren Posten los!«

»Es ist alles meine Schuld«, bekennt Robbie traurig, als die beiden ganz außer Atem wieder oben auf dem Berg ankommen.

»Nein, Robbie, dich trifft keine Schuld«, erwidert Florence sanft. »Natürlich wäre es gut gewesen, wenn du mir von diesen Fässern erzählt hättest, aber dieses marode System, die katastrophale Armeeführung gehört angeprangert – und damit beginne ich sofort.« Entschieden setzt sie sich an ihren Schreibtisch und nimmt ihren Federhalter. »Ich werde den Kriegsminister bitten, eine offizielle Kommission vom Kriegsministerium herzuschicken. Die Herren sollen die Zustände in diesem Haus prüfen. Außerdem will ich um einen neuen Koch für unsere Patienten bitten. In einer Stunde kannst du den Brief abholen und zum Hafen bringen. Sprich bitte mit niemandem darüber, was ich vorhabe.«

Als nach wenigen Wochen eine dreiköpfige Kommission unangemeldet in Skutari erscheint, weiß niemand, wer diese Leute sind. Im Büro bei Florence Nightingale warten drei gut gekleidete Herren, als sie Robbie rufen lässt.

Florence erklärt dem Jungen: »Diese drei Herren sind

hier als offizielle Inspektoren. Sie brauchen jemanden, der sie durchs Haus führt und ihnen alles zeigt. Keiner kennt sich hier so gut aus wie du. Und sie müssen wirklich alles sehen!« Beim letzten Satz schaut sie den Jungen eindringlich an. Robbie hat verstanden, ein breites Grinsen geht über sein Gesicht. Er will ihnen schon alles zeigen, und sie sollen mehr, viel mehr sehen, als wenn Major Sillery sie herumführen würde.

Der Rundgang nimmt ein paar Stunden in Anspruch. Sehr lange halten sich die Herren in der Küche auf. Dort wird gerade das »Abendessen« für Hunderte von Patienten vorbereitet. Der Chefkoch ist gar nicht beglückt über den unangemeldeten Besuch. Die Begleiter von Dr. Sutherland schreiben eifrig Notizen in ihre Bücher, während Dr. Sutherland schweigend alles beobachtet. Schließlich fragt er Robbie: »Weißt du, woher das Trinkwasser kommt?«

»Unten im Keller gibt es eine Zisterne, Sir. Ich glaube, sie wird von mehreren Wasserleitungen gefüllt … Ich kann sie Ihnen zeigen.«

Die Männer folgen dem Jungen die wackelige Holztreppe hinunter, in das hohe Kellergewölbe. An den herumliegenden Strohballen und Dunghaufen erkennt man, dass hier einmal Pferde untergebracht waren. Auf seinen Streifzügen durchs Haus hat Robbie eines Tages auch die Zisterne entdeckt, und er ist sich sicher, dass er sie wiederfinden wird.

Als sie den schweren Holzdeckel abdecken, schlägt ihnen ein übler Geruch entgegen. Die Leitung, aus der der Wasservorrat gespeist wird, liegt über dem schmutzigen Boden und kommt aus einer baufälligen Holzwand. »Dieser Leitung würde ich gerne nachgehen«, sagt Dr. Sutherland ernst.

Robbie untersucht die Wand und findet ein paar lose Bretter, die man abnehmen kann. Es entsteht eine Öffnung, groß genug, dass die Männer in gebückter Haltung hindurchkriechen können. Mr. Sutherland hält sich die Nase zu. »Es riecht

nach Verwesung«, stellt er mit Abscheu fest. Sie finden die
Leitung wieder und folgen ihr im Schein der Laterne. An mehreren Stellen ist das geschlossene Rohr durch Teile ersetzt, die
wie eine Rinne nach oben offen sind. Der Gestank wird immer
schlimmer. Plötzlich stößt Robbie mit dem Fuß an etwas Har-
tes. Im Schein der Petroleumlampen entdecken die vier einen
großen, schwarzen Körper mit steifen Beinen, einem langen
Hals und einem großen Kopf mit starren Augen. Der halb verweste Pferdekadaver, über und über von Würmern befallen,
liegt zum Teil in der Wasserrinne. Dr. Sutherland stößt einen
leisen Fluch aus. Angeekelt kriechen die Männer zurück durch
die Bretterwand und klettern eilig aus dem verpesteten Keller
wieder nach oben.

Hier erwartet sie Major Sillery. Sein Gesicht ist krebsrot. Er
tobt: »Niemand hat mir eine Kommission vom Gesundheits-
ministerium angemeldet. Wo bleibt hier die Einhaltung des
Dienstwegs?«

»Ganz richtig«, entgegnet Dr. Sutherland, »der Umstand
der Überraschung führt eher zu einer realistischen Einschät-
zung der herrschenden Verhältnisse. Wenn Sie jetzt bitte das
medizinische Personal und die Versorgungsbeamten zusam-
menrufen – einschließlich Miss Nightingale und ihrer Schwestern! Ich möchte die Ergebnisse meiner Untersuchung mitteilen.«

Draußen vor dem Sitzungsraum hört man, wie der Inspek-
tor aus England drinnen tobt und wütet: »Ein totes Pferd! Sie
trinken jeden Tag von einem toten Pferd!«

Dr. Hall redet etwas wie: »Ja, wir sind hier im Krieg und
nicht im guten alten England und wir haben wirklich keine
Zeit, uns um Hausfrauenwünsche wie zusätzliche Bettpfannen
und Scheuerbürsten zu kümmern.«

Aber Dr. Sutherlands Stimme wird immer lauter, und er
nimmt die Schwestern in Schutz. Dann wird es im Saal leise.

Als die Beteiligten nach einer langen Besprechung heraus-
kommen, haben sie alle ganz rote Köpfe. Schwester Florence
aber sieht sehr glücklich aus.

Auch an diesem Abend kommt sie an Williams Lager. Sie
nimmt seine Hand und flüstert: »William, ich glaube, jetzt
wird alles gut.« Ihr schmales Gesicht strahlt Frieden aus, und
als sie weitergeht, faltet der junge Soldat zum ersten Mal in
seinem Leben die Hände und betet, dann schläft er ruhig ein.

Die Schwester aber geht nach Hause und setzt sich an ihren
Schreibtisch, um Sidney Herbert zu danken.

In den nun folgenden Tagen geht es im Lazarett geschäftig
zu. Türkische Frauen aus Skutari treten an, um alle Wände zu
desinfizieren und den Ratten endgültig den Garaus zu machen.
Alle Abwasserleitungen werden mit frischem Wasser durch-
gespült und desinfiziert, die gebrochenen Rohre ersetzt. In der
Küche muss das Trinkwasser ab sofort abgekocht werden. Die
Anzahl der Toiletteneimer und Spuckeimer verdreifacht sich,
und sie werden zweimal am Tag geleert. Und Major Sillery?
Er hütet sich jetzt, den Nightingale-Schwestern auch nur eine
Station vorzuenthalten, nicht einmal die Chirurgie, wenn es
darum geht, die Verbände täglich zu wechseln.

Kaum zieht der Frühling ins Land, da stehen wieder zwei
unangemeldete Besucher vor der Tür. Major Sillery schäumt:
»Warum bin ich über Ihr Kommen nicht informiert worden?«

Der kleinere, verwegen aussehende Mann mit der blauen
Samtkappe und einem kurzen, lockigen Backenbart zieht ein
Schreiben aus der Tasche. »Mein Name ist Alexis Soyer, ich
nehme an, alles Weitere erfahren Sie in diesem Brief.«

Der Major überfliegt den Text, dann wendet er sich gereizt
an die kleine Gruppe in seinem Büro: »Nun gut. Staatsminis-
ter Herbert vom Kriegsministerium meint offensichtlich, dass
Sie die Qualifikation für das Amt eines Kochs mitbringen.
In einem vornehmen Club hätten Sie gearbeitet. Nun denn:

Ich glaube, dass Sie hier wenige Gemeinsamkeiten mit Ihrem noblen Arbeitsplatz vorfinden werden, aber Befehl ist Befehl.« Und mit einem verächtlichen Blick auf Florence fügt er hinzu: »Manche von uns wissen schon, wie sie es anstellen.«

Die Herren werden durchs Lazarett geführt, bis hin zur kläglichen Küche. Der schwarze, vornehme Begleiter des Kochs, James Brandy, zückt sein Notizheft. Der angestellte Koch wird fristlos entlassen und die Hilfsköche müssen sofort die riesigen Töpfe gründlich schrubben. In Zukunft wird der Tee nicht mehr nach Kohlbrühe schmecken. James Brandy fertigt eine lange Liste der benötigten Lebensmittel an. Bald zieht ein unwiderstehlicher Duft durchs Haus. Die ausgehungerten Patienten rätseln, wie der neue Koch Alexis Soyer sein Speisungswunder zustande gebracht hat: Williams blasses Gesicht bekommt Farbe, während er die Eintopfschüssel in Händen hält: eine dicke Linsensuppe mit getrockneten Tomaten, Karotten, Kartoffeln, Zwiebeln in einer schmackhaften Brühe. Dazu frisch gebackenes Brot. Und dann tönen die Sprechchöre aus den anderen Sälen herüber: »Hipp, hipp, hurra dem neuen Küchenchef!«

Florence hört es und seufzt tief.

»Miss Nightingale«, sagt Robbie, »ich glaube, Dr. Sutherland hat ein gutes Werk getan.«

»Er hat die ganze Armee gerettet«, erwidert Flo. »Jetzt, nach sechs Monaten, bekommen die Soldaten endlich, was ihnen von Anfang an zustand. Gestern kamen wieder zweihundertvierzig verwundete Soldaten an, und sie alle bekamen ein Bad, ein sauberes Lager, frische Wäsche und sofort ärztliche Hilfe.«

»… und ein leckeres Essen«, ergänzt Robbie und lacht. Dann fragt er besorgt: »Miss Nightingale, warum machen Sie jetzt nicht Urlaub? Nur ein paar Tage?«

Da muss auch Florence lachen. »Ich will bald verreisen, aber das ist kein Urlaub. Ich muss nach Balaklava, um dort nach dem Rechten zu sehen. Die beiden Köche kommen auch mit, um dort für besseres Essen zu sorgen. Und Mrs Roberts will unbedingt mitkommen, um mich zu unterstützen. Ich könnte dich auch dort gut gebrauchen, Robbie, willst du uns begleiten?«

Robbie weiß nicht so recht und zögert. Die schrecklichen Bilder steigen wieder in ihm auf – vom Schlachtfeld. Diese Schreie, das viele Blut, die toten Soldaten und Pferde – all das wollte er doch vergessen! Und er denkt an den unangenehmen Dr. Hall und Mutter Dampfwalze und verdreht die Augen. Aber er kommt mit.

Der Engel der Krim

FLO BEGIBT SICH mit ihren Begleitern an Bord der »Robert Lowe«. Schon nach drei Tagen erreicht das Segelschiff bei gutem Wind sein Ziel. Sofort gehen die Soldaten an Land. Lady Nightingale und ihr Gefolge dürfen das Quartier auf dem Schiff als Unterkunft behalten.

Florence brennt darauf, die Soldaten an der Front zu besuchen. Eigentlich soll es eine Überraschung werden, aber als das kleine Boot sie an Land bringt, hat sich die Nachricht ihrer Ankunft schon wie ein Lauffeuer verbreitet. Auf einer hübschen Stute, die sie im Damensitz mit gewohnter Eleganz reitet, trabt sie durch Balaklava, begleitet von einer großen Gruppe aus Zivilisten und Soldaten.

»Gott segne Sie, Sie sind ein Engel«, ruft ein Soldat am Wegrand.

Sein Ruf vervielfältigt sich wie ein Echo in den Bergen, und bald tönt es im ganzen Lager:

»Sie ist der Engel der Krim!«

Von allen Seiten strömen die Soldaten herbei und verstellen dem Reitertrupp den Weg. Hüte fliegen in die Luft, Hochrufe erschallen. Es ist der großartigste Empfang, den Flo je erlebt hat. Jetzt springt ein untersetzter Reiter von seinem Pferd und schreit etwas, das niemand versteht. Es ist Alexis Soyer, der französische Koch. Er zieht Flo von ihrem Pferd herunter und hebt sie auf das Rohr einer Kanone, sodass sie jeder sehen kann. Mit französischem Temperament hält er eine flammende Rede, wobei er kräftig mit den Armen fuchtelt. Niemand kann ihn verstehen, aber jeder weiß, was er meint. Alle antworten mit Hochrufen und Begeisterungsstürmen: Lady Nightingale, der rettende Engel aus Skutari, ist selbst auf dem Kriegsschauplatz erschienen.

Dieser herzliche Empfang ist einer der wenigen Lichtpunkte der letzten Zeit. Der vergangene Winter war ein gnadenloser Härtetest für Florence. Um die Soldaten vor dem Erfrieren zu retten, veranlasste sie, dass die wenigen Möbel im Lazarett verheizt wurden, damit die Säle warm wurden und das Essen gekocht werden konnte. Natürlich bekam sie Probleme mit den Ärzten, weil diese zum Operieren einen Tisch brauchten und heftig protestierten. Aber sie erklärte: »Einige Soldaten werden sterben, wenn sie nicht operiert werden, aber viele werden sterben, wenn sie kein warmes Essen mehr bekommen und der Kälte ausgesetzt sind. Und weil ich diese Tische angeschafft habe, darf ich auch damit machen, was ich will!«

Damit hat sie sich einige Feinde gemacht. Aber jetzt ist es Frühling geworden, der unbarmherzige Winter hat ein Ende.

Die Soldaten haben spontan Blumen am Wegrand gepflückt, die sie ihr schenken. Ermutigt durch diesen warmherzigen, begeisterten Empfang in Balaklava springt Florence von ihrer Kanone herunter und bittet, ins Feldlazarett geführt zu werden. Was sie dort zu sehen bekommt, erinnert sie an die

»Hölle von Skutari« im vergangenen Jahr. Zu kleine Räume, zu wenig Medikamente, zu wenig Ärzte und Sanitäter, ein unbeschreiblicher Dreck überall, und resigniertes, nach Alkohol riechendes Personal.

»Das ist entsetzlich hier«, sagt sie mit ernstem Gesicht, »kein Wunder, dass die Männer wie die Fliegen sterben!«

Die Ärzte zucken die Schultern: »Wir tun unser Bestes!«

»Unsinn«, unterbricht sie Florence. »Strengen Sie Ihre Fantasie ein wenig an, meine Herren! Zumindest könnte hier Sauberkeit herrschen – und frische Luft gibt es draußen genug, man muss sie nur hereinlassen.« Sie sieht sich um. »Am besten kümmere ich mich gleich selbst darum.«

Da hat sie aber nicht mit ihrem alten Widersacher Dr. Hall gerechnet. Mit hochrotem Kopf stellt er sich ihr in den Weg. »Kommt gar nicht infrage. In Skutari mögen Sie sich als die Herrin aufgespielt haben, mein Fräulein, hier aber bin ich der Chef. Ich denke gar nicht daran, Ihnen hier freie Hand zu lassen. Ohne meine Erlaubnis werden Sie hier kein Lazarett betreten, verstehen Sie? Und ich werde Ihnen meine Erlaubnis nicht erteilen. Und jetzt, meine Dame, scheren Sie sich fort, und zwar sofort!«

Flo ist nicht verlegen. Sie zieht einen Brief aus der Tasche und überreicht ihn Dr. Hall. Er überfliegt den Text und gibt das Blatt zurück. »Hier steht, Sie sind die Sonderbeauftragte für das Pflegepersonal in der britischen Armee in der Türkei«, sagt er triumphierend. »Meines Wissens gehört die Krim nicht zur Türkei!«

Florence hebt energisch das Kinn. »Sie können gegen mich kämpfen oder mit mir zusammenarbeiten. Auf jeden Fall werde ich meinen Auftrag durchführen. Das Kriegsministerium steht hinter mir.«

Das Ergebnis der Überprüfung ist niederschmetternd. Flo nimmt sich vor, noch heute einen Brief an Sidney Herbert zu schreiben. Aber sie hat das zweite Krankenhaus, »Sanatorium« genannt, noch nicht gesehen. Die Delegation aus Skutari kann unbemerkt einen kleinen Rundgang durch die Räume machen, dann aber werden sie doch entdeckt.

»Was?«, klingt eine ihnen vertraute Stimme. »Ich hätte eher die Königin von England hier erwartet als Sie.«

»Guten Tag, Mutter Bridgeman«, erwidert Florence freundlich, »wir sind hier, um …«

Die Nonne schneidet ihr das Wort ab: »… um Ihre Nase in meine Angelegenheiten zu stecken, deshalb sind Sie hier. Nun denn, machen Sie schnell voran mit Ihrer … Ihrer werten Inspektion, umso schneller sind Sie auch wieder weg.« Sie dreht sich um und will aus dem Zimmer rauschen, aber Robbie hat einen kleinen Jungen entdeckt, der in der Ecke auf einer Pritsche liegt. »Mutter Da… Bridgeman, der kleine Junge hier, wer ist das?«

»Ein Feind ist das«, ruft die fromme Frau gereizt. »Ein russisches Waisenkind! Wurde im Granatfeuer verletzt und dann auf unserer Schwelle abgelegt, damit wir uns um ihn kümmern. Nimmt auch noch ein Bett weg!«, schnaubt sie. »Peter heißt er, Peter Grillage!« Dann verschwindet sie.

Robbie schaut ihr hinterher, bis er ihre Schritte nicht mehr hört, dann geht er behutsam auf Peters Lager zu.

Der russische Junge liegt da verängstigt zusammengerollt in seinem schmutzigen Bett. Wie alt mag er sein? Fünf? Oder sechs? Er selbst, Robbie, war schon zwölf, als er trommelnd in den Krieg zog, aber dieser kleine Kerl … Wie mochte er seine Eltern verloren haben … und was erlebte er wohl im Lager des Feindes?

»Robbie, mach schnell Schluss, es geht weiter!« Mrs Roberts holt den Jungen zurück aus seinen Gedanken. »Wir müssen das Berglazarett noch sehen!«

»Ich komme wieder, Peter!«, versichert Robbie und winkt

dem Kind mit den leeren Augen zum Abschied. Ob Peter seine Worte verstanden hat? Er zieht sich die Decke über den Kopf.

Robbie läuft der Skutari-Delegation hinterher, die nun das Berglazarett besuchen will. Es besteht aus vielen kleinen Pavillons mit Einzelzimmern. Hier werden die Schwerkranken versorgt, besonders die mit einer ansteckenden Krankheit. »Eine gute Idee«, sagt Miss Nightingale. Sie hat ein Krankenzimmer gesehen und ein paar Worte mit einem Patienten gesprochen. Er war zu schwach, um ihr zu antworten. »Auch hier oben gibt es noch viel zu verbessern«, stellt sie fest. »Heute Abend werde ich einen ausführlichen Bericht an den Kriegsminister verfassen.«

Am Abend sitzt das Skutari-Team zusammen, um die Eindrücke des Tages zu besprechen. Es ist auch die Rede von einem tragbaren Feldofen für das Sanatorium, den die Köche bauen wollen.

»Wir sollten morgen früh an Ort und Stelle darüber beraten«, schlägt Flo vor, »ich habe noch einen langen Bericht zu schreiben, und Sie sollten sich jetzt ausruhen.«

Am nächsten Morgen versammeln sich die ungebetenen Gäste aus Skutari in der »Küche« des »Sanatoriums«. Robbie macht sich in einem unbemerkten Moment davon. Er will zu Peter und ist auf der Hut vor Mutter Bridgeman. Sie darf ihn auf keinen Fall an Peters Bett erwischen. »He«, sagt Robbie und lächelt dem Kleinen zu. Peter starrt den fremden Jungen mit angsterfüllten, weit aufgerissenen Augen an. Robbie hockt sich hin und zieht sanft die Decke beiseite. Das Kind liegt dort ohne Hemd. Seine Rippen stechen hervor, unter dem Kopfverband schaut das völlig verklebte Haar heraus. Aber abgesehen von einigen blauen Flecken und Schrammen scheint Peter am Körper unversehrt zu sein. Als Robbie jedoch versucht, den kleinen Patienten zu berühren, zuckt das Kind zusammen.

»Ist schon gut, Peter«, sagt Robbie beruhigend und deckt

ihn wieder zu. Er wendet sich um und will gehen, da fühlt er plötzlich die kleinen Finger nach seiner Hand greifen.

»Geh nicht weg«, soll das offenbar heißen.

Robbie lächelt ihn an. »Ich komme wieder, Peter, aber jetzt muss ich gehen, die Lady braucht mich.«

Mit aller gebotenen Vorsicht schleicht sich Robbie zurück, an offenen Türen vorbei bis zur »Küche«. Hier kommt die Ofen-Besprechung gerade zum Abschluss, und niemand scheint ihn vermisst zu haben. Er hört Miss Nightingale sagen: »Dann ist es also abgemacht, dass Mr Soyer den Köchen die Grundlagen gesunder Ernährung vermitteln wird, aber ...« Ihre Stimme zittert: »Aber es muss ...« Erneut bricht ihre Stimme ab. Erschrocken blicken die anderen sie an. Ihr Gesicht ist unnatürlich gerötet. Kleine feuchte Löckchen stehen unter ihrer Haube hervor. Dann taumelt sie und bricht zusammen.

Das Krimfieber

»Es ist das Krimfieber«, sagt Dr. Hall ernst, nachdem er die bewusstlose Frau untersucht hat. »Die Patientin muss sofort ins Berglazarett gebracht werden.« In großer Eile schafft man eine Trage herbei.

Während Mrs Roberts der Schwerkranken unaufhörlich frische Luft zufächelt, bringen sie Florence in eine der vielen Hütten des Berglazaretts. Eine fremde Schwester nimmt die kleine Karawane in Empfang, um die Begleiter sofort wieder hinauszuschicken. Mrs Roberts protestiert lautstark, aber die Köche nehmen sie fest zwischen ihre Arme und befehlen ihr, Miss Nightingales Siebensachen zu packen.

Robbie setzt sich auf die kleine Holztreppe, die zur Krankenhütte führt, schlingt seine Arme um die angezogenen Beine und legt den Kopf darauf. Dort sitzt er und trauert, und er merkt nicht einmal, wie die Stunden vergehen.

»Robbie Robinson, bist du das?«

Erschrocken fährt der Junge auf – kennt er diese Stimme nicht? – und schaut geradewegs in das bärtige Gesicht von William Russel, dem berühmten Reporter der »London Times«.

Seit jener furchtbaren Schlacht von Balaklava kennen sich die beiden – wie ein Film wiederholen sich die Ereignisse jetzt vor Robbies Augen: Wie Mr Russel ihn als Helfer engagiert, ihn auf seinem Pferd mitnimmt bis zu dieser Anhöhe über Balaklava, von der aus die Kommandos des Oberbefehlshabers Raglan ausgehen. Wie sie miteinander den Krieg zu sehen bekommen, dort unten im Tal. Wie die Kommandos nicht weitergegeben werden und die Briten den Russen geradewegs vor die Kanonen laufen, wie die Reserve eingesetzt wird, die es dann doch schafft, den Feind zurückzudrängen – und wie Robbie dann losrennt, den Berg hinunterstolpert, um seinem Freund William beizustehen. Er hört wieder den scharfen Ruf von Mr Russel: »Um Gottes willen, bleib hier, Robbie!« Jetzt bricht die Erinnerung ab, und er findet sich an Deck eines Schiffes wieder, auf dem Hunderte von Verletzten und Sterbenden unter flatternden Segeln darauf warten, in Skutari anzukommen. Er hört die Schreie der Soldaten, die im unteren Schiff amputiert werden, und er vernimmt die nächtlichen Kommandos »Zuuugleich« und das Platschen im Wasser, als die Toten über Bord gehen. Blitzschnell sind diese grausamen Kriegsbilder wieder da, und Robbie ist nur halb anwesend. Er schaut den bärtigen Mann mit leerem Blick an.

»Kannst du mir erzählen, was passiert ist? Im Lager ist eine Stimmung wie nach einer verlorenen Schlacht. Ich bin gerade mit Lord Raglan zurückgekommen. Sag mir, was ist geschehen?«

»Sie ist sehr krank – Mrs Roberts ist bei ihr – die Ärzte haben keine Hoffnung …«

Robbie starrt den Reporter immer noch abwesend an. Dann bricht es aus ihm heraus: »Ich wollte immer ihre rechte Hand sein, aber ich konnte nicht helfen, sie zu tragen.« Tränen laufen über sein Gesicht, und er versucht nicht, sie aufzuhalten.

Mr Russel darf die Lady nicht besuchen. Bedrückt kehrt er ins Lager zurück. Er ist persönlich betroffen. Hat er nicht selbst durch seinen Aufruf in der »London Times« diese wunderbare Frau zu ihrer gefährlichen Mission aufgerufen?

Inzwischen geht die Hiobsbotschaft wie ein Lauffeuer im Lager von Balaklava herum. Der Reporter kann die ausgestreuten Gerüchte nicht mehr einsammeln; jemand hat bereits die Nachricht verbreitet: »Miss Nightingale ist tot.« Sofort ticken die Telegrafen, die Nachricht breitet sich bis nach Skutari aus, und schon bald gibt es auch in England kein anderes Thema mehr.

Wenn diese Information auch nicht stimmt, so kommt sie der Wahrheit doch sehr nahe. Die Ärzte machen keinen Hehl daraus, dass sie wenig Hoffnung haben. Florences geschwächter Körper kann dieser schweren Erkrankung kaum Widerstand entgegensetzen.

In England ist die Verwirrung groß. Wer weiß etwas Genaues? Königin Victoria fragt bei Sidney Herbert nach, ob neue Nachrichten über Miss Nightingale eingegangen seien. Aber die Krim ist weit, die Ungewissheit quälend.

Langsam neigt sich die Nacht über Balaklava.

Eines Tages nähert sich eine Gruppe britischer Offiziere der Hütte, in der Florence liegt. Sie tragen einen schwarzen Hund auf dem Arm. Mrs Roberts öffnet ihnen die Tür. »Hier ist ein Geschenk von unseren Soldaten für unsere liebe Lady«, sagt der Sprecher und will den Welpen der Schwester übergeben.

»Wir haben alle zusammengelegt und ihn für Miss Nightingale gekauft.«

»Sie sind wohl von allen guten Geistern verlassen!«, schnaubt Mrs Roberts gereizt. »Kommt gar nicht in Frage! Nehmen Sie ihn und verschwinden Sie, husch, husch!« Sie knallt die Tür vor ihren Nasen zu.

Ratlos schauen die Männer sich an. Einer macht Mrs Roberts nach und ruft in gespielter Gereiztheit: »Husch, husch!« Da müssen alle lachen. »Rousch soll er heißen«, schlägt ein anderer vor. Dann entdecken sie Robbie. Er betrachtet angerührt das schöne Tier. »He, du, sechsundachtzigste … richtig, Junge?«, fragt einer der Offiziere mit Blick auf Robbies blaue Uniformjacke, und er legt den warmen, zappelnden Hund in Robbies Arme. Der schaut den Offizier verdutzt an. »Willst du auf ihn aufpassen? Und wenn die Lady wieder gesund ist, ihr geben? Mit lieben Grüßen von den Soldaten!« Schon sind sie verschwunden.

Da steht Robbie nun und ist ein bisschen ratlos. Suchend schaut er sich um. Mrs Roberts darf auf keinen Fall erfahren, dass er den Hund hat. Er wird Mr Soyer und den Hilfskoch James Brandy ins Vertrauen ziehen! Robbie kampiert mit den Köchen inzwischen in einem Zeltlager vor den Toren Balaklavas. Wenn der kleine Welpe nachts unter seine Bettdecke schlüpft und mit seiner rosa Zunge sein Gesicht leckt, hat er ein schlechtes Gewissen – es ist doch Miss Nightingales Hund. Er soll sich nicht zu sehr an ihn gewöhnen. Aber jeden Morgen wachen die beiden zusammengekuschelt auf – ein Knäuel aus Mensch und Hund.

Eines Tages – Florence liegt schon seit zwei Wochen in schwerem Fieber – steigt vor ihrer Hütte ein Reiter vom Pferd und klopft an die Tür. Mrs Roberts erscheint und blickt ihn abweisend an. »Niemand darf Miss Nightingale besuchen«, sagt sie in bestimmtem Ton. »Die Ärzte würden es selbst dem

Oberbefehlshaber nicht gestatten!« Der Fremde schlägt seinen Umhang zurück, sodass die Schwester seine goldstrotzende Uniform sehen kann. »Ich bin Lord Raglan, der Oberbefehlshaber, wollen wir die Ärzte denn einmal fragen?«

Lord Raglan bekommt eine Sondergenehmigung. Als er nach einer halben Stunde wieder aus dem Haus tritt, sagt er zu Mrs Roberts: »Wenn ich könnte, würde ich sie sofort zurück nach England schicken, aber davon will sie nichts hören. Das Einzige, was ich tun kann, ist, darauf zu bestehen, dass sie zurück nach Skutari geht und sich dort sechs Wochen konsequent zurückzieht. Ich werde Dr. Hall bitten, alle Vorkehrungen zu treffen, dass Sie alle mit dem nächsten Schiff nach Skutari zurückreisen können.«

An diesem Abend kann Lord Raglan in London melden, dass Florence die Krise ihrer Krankheit offensichtlich überstanden hat und sich auf dem Weg der Besserung befindet.

Ungewöhnliche Kriegsbeute

FLO IST SO SCHWACH, dass sie sich diesmal nicht durchsetzen kann. Sie will nicht nach Skutari zurück, bevor sie in Balaklava nicht ihren Auftrag erfüllt hat. Die Verbesserungsmaßnahmen sind bisher nur halb umgesetzt, aber niemand will sie in ihrem Wunsch unterstützen, in Balaklava zu bleiben. Also muss sie sich dem Diktat von Dr. Hall beugen, der für sie und ihre Helfer bereits einen Platz auf der »Jura« bestellt hat. Die »Jura« liegt nicht wie die meisten Schiffe draußen im Hafenbecken, sie ist an den Docks vertäut. So wird es leichter sein, die schwerkranke Frau an Bord zu bringen.

An der Gangway sehen sich Florence und Robbie endlich wieder, und als Florence den Hund entdeckt, gleitet ein Lächeln über ihr Gesicht. »Der Kerl scheint dich ja zu mögen, Robbie!«, sagt sie mit schwacher Stimme, während die Matrosen sie an Bord tragen. Robbie denkt, »Wenn sie wüsste …!« Ungeduldig schaut er sich um.

Da endlich kommen die beiden Köche mit ihrem Gepäck, das sie den Trägern übergeben. Aufgeregt winkt Robbie den Hilfskoch herbei. »Mr Brandy? Bitte, Mr Brandy, nehmen Sie die Leine und übergeben Sie Rousch in einem geeigneten Moment Miss Nightingale«, bettelt er.

»Warum denn ich? Das ist deine Aufgabe, Robbie!«

Aber der Junge hat bereits energisch nach der Hand des Hilfskochs gegriffen und die Hundeleine hineingelegt. »Ich muss schnell noch etwas erledigen – es ist sehr wichtig, Mr Brandy.« Und im Davonlaufen ruft er noch: »Passen Sie auf, dass das Schiff nicht ohne mich ablegt!« Dann rennt er auf das Sanatorium zu.

Unbemerkt schlüpft er auf die Station und beugt sich über Peter Grillages Bett. »Komm, Peter«, flüstert er und legt seinen Finger auf den Mund. Er hockt sich neben das Waisenkind und zeigt auf seinen Rücken. Der Kleine versteht ihn. Er schlingt seine dünnen Arme um Robbies Hals und legt die angewinkelten Beine um seine Hüften. Robbies rechte Hand kann den unterernährten Jungen mit Leichtigkeit halten. Auf dem Flur kommt ihnen eine Schwester entgegen. »Wir machen nur eine kleine Übung, Schwester«, sagt Robbie. Dann schlüpft er in einen Nebengang und durch eine Seitentür nach draußen.

Robbie weiß genau, dass er nicht im Sinne von Miss Nightingale handelt – sein Gewissen ist schwarz wie die Nacht. Die Lady ist sehr korrekt in allem, was sie tut und unterlässt. Niemals würde sie befürworten, dass er hier ein Kind entführt. Wie soll er ihr unter die Augen treten? Er übt: »Miss Nightingale, dieser kleine Junge hat keine Eltern mehr … und Mutter Bridgeman kann ihn nicht leiden … Und er wird als Feind angesehen – was soll da aus ihm werden? In Skutari können wir uns um ihn kümmern, und …« Robbies Herz klopft stärker, als er mit seiner kostbaren Last am Schiff ankommt.

Ein Bote hat ihn überholt, steht nun keuchend am Dock und ruft einem Matrosen zu: »Bitte, hier ist noch ein Brief nach Skutari, ich soll ihn dem Kapitän geben. Das ist doch die Jura?!« Der Matrose will gerade die dicken Taue einholen und antwortet: »Die Jura fährt aber nicht nach Skutari – tut mir leid, Kumpel. Wir nehmen direkt Kurs auf England!«

Wie ein Blitz durchzuckt es Robbie. »Warten Sie, Sir!«, ruft er dem Matrosen aufgeregt zu, setzt seinen kleinen Patienten ab und rennt die Gangway hinauf an Deck. »Mr Soyer, Mr Brandy!«, schreit er. » Bringen Sie sofort Miss Nightingale von diesem Schiff herunter! Wir sind getäuscht worden!«

Ist das ein Durcheinander! Lautes Schimpfen, Drängeln, neugierige Blicke, hektische Diskussionen, Hundegebell, als die kranke Frau und die Begleiter mit ihrem Gepäck fluchtartig das Schiff wieder verlassen. Am Dock bildet sich eine Traube Neugieriger.

Was nun? Wütend und hilflos schauen die Leute aus Skutari dem Schiff hinterher, ratlos blicken sie einander an. Da spricht ein weiß gekleideter, braungebrannter, vornehmer Herr sie an: »Kann ich Ihnen behilflich sein?«

Mrs Roberts ist noch ganz außer sich. Schweiß steht auf ihrer Stirn. Sie weiß nicht, was nun werden soll. »Ich glaube kaum, dass Sie uns helfen können, Mylord«, erwidert sie deprimiert.

Nach und nach begreift der Fremde die Situation. »Auf dem falschen Schiff waren Sie? Wie kann so etwas bloß passieren? Und was ist mit dieser kranken Dame?«

Mrs Roberts nimmt ihn beiseite. Sie redet leise auf ihn ein, legt den Finger auf ihren Mund, vertraut ihm ein Geheimnis an. Er schaut sie gebannt an, rauft sich das Haar.

»Was für eine Unverschämtheit!«, ruft er aus. Einen Moment stemmt er seine Arme in die Seiten und schaut aufs weite Meer. Dann gibt er sich einen Ruck. »Doch, Mylady, ich kann Ihnen helfen!«, verkündet er triumphierend.

Während er in Eile sein großes, prächtiges Segelboot bereitmacht, ticken in Skutari die Telegrafen. Es heißt, dass Lady Nightingale zu krank sei, um nach Skutari zurückzukehren. Sie sei derzeit auf der Heimreise nach England.

Doch dann, wenige Tage später, legt ein Segelschiff in Skutari an. Florence Nightingale wird herausgetragen, und in ihrem Gefolge erscheinen die Köche, Mrs Roberts, Robbie, ein Hund und ein kleiner Junge. Ist sie das wirklich? Niemand hat hier damit gerechnet, Miss Nightingale je wieder zu sehen. Während sie in einen Wagen gehoben wird, der in Richtung Stadt davonfährt, eilen die anderen hinauf auf ihren vertrauten Berg.

Ungeduldig hat William auf Robbies Rückkehr gewartet. Jetzt macht er große Augen: Robbie ist nicht allein gekommen. Ein kleiner Junge ist bei ihm, der fast kein englisches Wort versteht. Ein munterer Hund umschwänzelt die beiden und nimmt schnüffelnd den Kontakt zu William auf.

Die drei haben den Soldaten auf dem Friedhof gefunden, auf einem Mäuerchen in der Sonne sitzend. Dort, an seinem Lieblingsplatz, hat er tagelang tatenlos gewartet. Ohne seinen Freund Robbie findet er das Leben trübselig. Trost hat er in einer Schnapsflasche gesucht und nicht gefunden. Er kann kaum glauben, was da in Balaklava geschehen ist, und er hört nicht auf, Robbie Fragen zu stellen. »Und wie seid ihr schließlich zurückgereist?«

»Ein reicher Engländer hat uns sein Boot zur Verfügung gestellt. Ein richtiger Gentleman – picobello! Er war wütend über diesen bösen Streich.«

»Ja«, nickt William, »das war wirklich nicht die feine englische Art, sich so von einem großherzigen Menschen wie Miss Nightingale zu verabschieden.« Er kann es noch nicht fassen. »Glaubst du wirklich, dass Dr. Hall so hinterhältig war?«

Robbie zuckt die Schultern »Wir können nichts beweisen – aber ich traue es ihm zu. Du hättest ihn sehen sollen, wie er Miss Nightingale empfangen hat – wie eine Feindin, die ihn angreifen will. ›Scheren Sie sich fort, meine Dame‹, hat er gesagt.«

»Und Miss Nightingale?«

»Sie blieb ganz ruhig, zeigte ihm nur ihren Dienstauftrag, dieses Papier vom Kriegsministerium. Zwei Tage später war sie todkrank. Und dann kam nach zwei Wochen diese gemeine Sache mit dem Schiff.«

William wirft laut lachend seine Krücke in die Luft und fängt sie geschickt wieder auf. »Ich stelle mir gerade Dr. Halls Gesicht vor, als er hörte, dass der Plan missglückt ist.« Für ein paar Sekunden nimmt sein Gesicht bittere Züge an. Die Erinnerung an Dr. Hall und diese schreckliche Beinamputation ist zurückgekommen. Dieser wahnsinnige Schmerz! Diese brutale Behandlung! Er schluckt.

»Und dann? Wie ging es auf dem Boot weiter?«

»Es war ein sehr geräumiges Segelschiff, der Besitzer muss steinreich sein. Er stellte uns alles zur Verfügung. Er sagte: Für Miss Nightingale ist das Beste gerade gut genug.« Robbie streichelt seinen Bauch: »Mannomann, so gut wie auf diesem Kahn habe ich nie gegessen: Fleisch und Fisch und Obstsaft und leckeres Brot mit richtiger Butter drauf und süßer Marmelade! Und du hättest Peter sehen sollen! Seine Augen wurden immer größer.«

William spürt, wie ihm das Wasser im Mund zusammenläuft. »Und Miss Nightingale?«

»Die Lady hatte sich natürlich sehr aufgeregt, als wir die

›Jura‹ so plötzlich verlassen mussten. Deshalb merkte sie auch gar nicht, dass ich zwei blinde Passiere an Bord brachte.«

»Und dann regte sie sich wieder auf?«

»Nein, im Gegenteil! Als sie Rousch sah, strahlte ihr Gesicht. Ich bestellte ihr die Grüße von den Soldaten in Balaklava. Da kam Mrs Roberts. Sie wollte gerade losschimpfen, aber sie kam gar nicht dazu, als sie merkte, dass die Lady so glücklich war.«

»Und Peter?«

»Ja, der war nun einfach da.« Robbie grinst. »Einen Augenblick war die Lady perplex. Ich dachte, auweia, jetzt kommt das Donnerwetter! Aber sie holte tief Luft, weil sie wohl nicht wusste, ob sie mich ausschimpfen sollte. Dann ließ sie sich den Kleinen auf ihr Bett heben, hörte sich meine Entschuldigung an und sagte: ›In einem Krieg geht die Beute immer an den Feind‹, und streichelte ihn.«

»Ja, Peter hat wirklich Glück im Unglück gehabt«, stellt William fest

Peter und Rousch kommen zurück, sie sind außer Atem und setzen sich zu den beiden Jungen ins Gras.

»Ich muss Rousch heute noch zu Miss Nightingale bringen«, verkündet Robbie in wichtigem Ton. »Sie wohnt in der Stadt, im Haus des Kaplans – soll dort sechs Wochen bleiben.«

»Wie wird sie das aushalten?«

»Mit Rousch fällt es ihr bestimmt leichter. Ich darf ihn täglich ausführen, und deshalb werde ich sie auch jeden Tag sehen«, sagt Robbie stolz. »Und ich werde wieder ihre Briefe zum Hafen bringen!«

Ein wenig neidisch ist William schon, aber er denkt: Und ich habe Peter zum Spielen – und ich werde ihm Englisch beibringen. Und Robbie kann noch nicht schreiben, das muss er lernen – unbedingt!

Turbulenzen und Überraschungen

SECHS LANGE WOCHEN, sechs mal sieben Tage – eine Ewigkeit für Flo! Brennend gerne wüsste sie, wie das Leben im Lazarett weitergeht, aber sie wird konsequent abgeschirmt. Mrs Roberts, ihre Stellvertreterin, weiß um ihre begrenzten Kräfte und tut alles, um Miss Nightingales Genesung zu fördern. Auch sie ist inzwischen damit einverstanden, dass Florence in Rouschs Gesellschaft erfreuliche Ablenkung hat – das kann nur von Vorteil sein.

Eines Tages aber ist es soweit: »Sie kommt«, ruft eine Schwester, und die Mitschwestern formieren sich zu einem Halbkreis. Als Lady Florence eintritt, geht ein erschrecktes Raunen durch die Reihe. Sie erkennen ihre Vorgesetzte nicht wieder. Dünn ist sie geworden, dunkle Ränder hat sie unter den tief liegenden Augen, ihr Haar ist dünn und kurz, ihr Gang unsicher. Die Mitarbeiterinnen sind so erschrocken, dass ihnen der geprobte Sprechchor zum Empfang nicht ganz gelingt.

Die Lady schaut wach in die Runde. »Auch ich heiße Sie willkommen – aber … Ihr Kreis erscheint mir kleiner als früher. Wo sind Schwester Kathy und Schwester Hesters?«

Nun tritt Schwester Alice vor. Sie spielt nervös mit den Fingern: »Miss Nightingale, ich bedaure, Ihnen mitteilen zu müssen, dass diese beiden Schwestern entlassen wurden. Sie haben sich unwürdig verhalten, indem sie sich mit Offizieren betrunken haben. Ich musste sie nach England zurückschicken.«

»Das ist in der Tat sehr bedauerlich«, erwidert Florence mit schwacher Stimme, »aber Sie, Schwester Alice, trifft kein Vorwurf. Sie haben richtig gehandelt – die beiden kannten die Regeln.«

Mrs Roberts gibt den Schwestern nun das Zeichen, an die Arbeit zu gehen. Dann ruft sie William, Robbie und Peter herbei. »Miss Nightingale hat euch etwas mitgebracht«, sagt sie geheimnisvoll. Wie die Orgelpfeifen treten die drei Jungen vor Florence, die sie fest drückt und mit Süßigkeiten vom Markt in Skutari beschenkt.

Peter hat so etwas noch nie in Händen gehabt. Fragend schaut er die englische Dame an. »Baklava! Das ist zum Essen«, erklärt William ihm mit eindeutigen Gesten.

Peters Gesicht verdüstert sich. »Balaklava?«, fragt er mit entsetzten Augen.

»Nein, Peter, Baklava!« Florence muss lächeln.

»Es klingt nur ähnlich«, stellt Robbie fest, während die Jungen die honigtriefende Köstlichkeit in Empfang nehmen. Selig verschwinden sie nach draußen. Robbie hört nebenbei, wie die Lady zu Mrs Roberts sagt: »Und jetzt wollen wir über das Geschäftliche reden – ich brauche einen detaillierten Bericht über das, was im Krankenhaus vorgeht.«

Mrs Roberts Stimme klingt niedergeschlagen, gar nicht so energisch wie sonst. »Die letzten Wochen waren für uns Schwestern sehr schwierig, Miss Nightingale. Die Ärzte sind zum größten Teil abgezogen und ausgetauscht worden, einschließlich Dr. Hall«, berichtet sie, »und die neuen Mitarbeiter scheinen noch weniger Interesse an dem zu haben, was wir hier erreichen wollen. Manche Tage waren so schlimm, dass ich dachte, es macht keinen Unterschied, ob wir bleiben oder unsere Sachen packen. Wir finden keinerlei Unterstützung! Das Ehepaar Bracebridge ist abgereist, sie sehen keinen Sinn mehr in ihrem Einsatz. Sie rechnen damit, dass Sie bald nachkommen.«

Eine Weile schweigen beide. Dann antwortet Flo: »Ach nein, Mrs Roberts, ich möchte nicht aufgeben. Das Quäntchen Kraft, das ich noch habe, will ich einsetzen. Gott hat mich gerufen, und ich habe ihm mein Ja gegeben. Er ist der einzige Herr, den ich anerkenne. Er hat mich als Botschafterin nach

Skutari gesandt, und ich tue hier sein Werk. Die Arbeit ist noch nicht abgeschlossen ...«

In den folgenden Wochen wird Flo immer wieder bitter enttäuscht, und es scheint auch, als habe sich ihre Müdigkeit epidemieartig auf ihre Mitarbeiterinnen übertragen. Der Genesungsprozess verläuft schleppend. Die Fünfunddreißigjährige scheint ständig am Rande ihrer Belastbarkeit zu sein, und sie muss sehr darum kämpfen, dass ihr die Leitungsvollmacht nicht entgleitet. Aber sie weiß, wie wichtig ihr Durchhalten ist. Die Heimtücke der Gegner in Balaklava hat Florence gezeigt, wie sehr man die Macht ihrer Menschlichkeit fürchtet.

Eines Tages klopft es an ihre Tür. Ein Unteroffizier tritt ein und bleibt höflich an der Tür stehen. »Ich wollte Sie besuchen, Miss Nightingale.«

»Das sehe ich«, antwortet Florence kurz angebunden. »Also, was gibt's?«

Der Mann spielt verlegen mit seiner Kappe: »Ich will eine der Schwestern heiraten.«

Flo nimmt Haltung an: »Junger Mann, Sie sind heute der Vierte, der eine Schwester heiraten will. Hoffentlich haben Sie nicht alle vier das Auge auf dieselbe geworfen ... Und nun hören Sie mir gut zu: Meine Schwestern sind nicht zum Heiraten auf die Krim gereist, sondern zum Pflegen der Kranken und Verwundeten. Wenn wir wieder daheim in England sind, ist noch genug Zeit zum Heiraten, hier aber haben meine Schwestern zu arbeiten!«

Es kommt noch schlimmer! Eines Tages erscheint ein Offizier aus dem türkischen Lager mit der Bitte, Schwester Marylou kaufen zu dürfen.

»Kaufen? Wozu?«

»Damit sie meine Frau wird.«

»Ja, haben Sie denn noch keine Frau?«

»Doch, drei Stück. Aber Mohammed erlaubt uns, vier zu haben, und ich habe noch keine Dicke.«

Bald darauf stehen Robbie, William und Peter vor Flo's Büro. Peter hat ein junges Kätzchen auf dem Arm, das sie auf dem alten Friedhof gefunden haben. Es ist schwarzweiß gefleckt und hat eine weiße Schnauze und einen schwarzen Schwanz, ein wunderschönes Tier. Die Jungen kennen die Lady nur zu gut, um zu wissen, dass sie für ein hilfloses Wesen alles tun wird.

Flo muss lachen, wie die drei sie dort mit flehenden Augen anschauen. Eigentlich brauchen sie nichts mehr zu sagen. Dennoch bricht es aus Peter heraus: »Milch! Hunger!«

Gerührt nimmt Flo das Kätzchen in ihren Arm. »Ach du liebes Kleines«, sagt sie und streichelt es zärtlich. Dann schreibt sie ein paar Worte auf einen Zettel und sagt zu Robbie: »Hier, geh zu Alexis, er wird sich darum kümmern!« Nun nimmt sie Peter und William mit zum Gabenlager. »Bestimmt finden wir dort irgendetwas Warmes. Ein Katzenbaby braucht Wärme, sonst wird es krank.« Sie erinnert sich, dass Seline Bracebridge, als sie noch das Lager verwaltete, einige Sachen beiseitegelegt hat, die zum Verschenken nicht geeignet waren. Sie wird die neue Verwalterin bitten, ihr den roten Pullover auszuhändigen, der von Motten zerfressen ist. Aber sie treffen Mrs Salisbury nicht an. Flo stellt fest, dass die Tür des Lagers offen steht. Wie leichtsinnig! Während sie in den Regalen sucht, bemerkt sie, dass die Fächer auffallend leer sind. Sie hat auch eigene Kleidung abgegeben und findet sie nicht mehr. Sie wird Mrs Salisbury fragen. Aber zunächst ist dem Kätzchen mit einer kleinen alten Wolldecke geholfen.

Dieser ungeplante Besuch im Gabenlager deckt die betrübliche Tatsache auf, dass die Mitarbeiterin ihre Stellung missbraucht hat. Sie hat sich selbst bereichert, indem sie Gaben aus England, für Soldaten gespendet, verkauft hat. Vermutlich hatte sie nicht mit Miss Nightingales Rückkehr gerechnet. Es fällt Florence schwer, sie zur Rede zu stellen, denn jede Aufregung kostet Kraft. Großzügig lässt sie es dabei bewenden, Mrs Salisbury nach England zurückzuschicken. Flo selbst übernimmt nun zusätzlich zu ihren vielen Pflichten die Verwaltung des Gabenlagers und schläft dort nachts hinter einem Vorhang.

In England angekommen, verbreitet die Betrügerin üble Verleumdungen. Sie verfasst eine Klageschrift, die jeder Grundlage entbehrt und im Kriegsministerium die Runde macht – Miss Nightingale bereichere sich an den Gaben für die Soldaten, heißt es unter anderem. Mrs Salisbury weiß, dass sie offene Ohren finden wird, und Florence ist zu einer Stellungnahme herausgefordert. Sie hat in England inzwischen viele Widersacher, allen voran Dr. Hall. Jetzt ist seine Gelegenheit gekommen, der verhassten »eisernen Nachtigall« Knüppel in den Weg zu werfen.

Sidney Herbert gerät erneut unter Druck und schickt umgehend wieder eine unangemeldete Prüfkommission nach Skutari, um die Wahrheit an Ort und Stelle herauszufinden. Sie arbeitet inoffiziell und entdeckt, unter welch unermesslichem Druck die Schwestern stehen. Mit einem energisch verfassten öffentlichen Schreiben werden die Gerüchte zum Schweigen gebracht.

Auch die Familie Nightingale hat spontan reagiert. Tante Mai, Flo's Lieblingstante, macht sich sofort auf die lange Reise, um ihrer Nichte den Rücken zu stärken. Eines Tages erscheint sie mit ihrem Reisegepäck vor Flo's Büro.

»Tante Mai!« Flo kommen die Tränen. »Tante Mai, was willst du denn hier!?«

»Dir beistehen, Flo, ich glaube, du kannst mich jetzt brauchen!«

Florence wischt sich über das Gesicht. Sie ist vor Rührung ganz benommen.

»Ich habe Zeit mitgebracht, so viel du brauchst«, sagt Tante Mai.

»Und Onkel Sam?«

»Er hat mir seinen Segen gegeben – vielleicht ist er mich aber auch ganz gerne einmal los!«

Das ist Tante Mais Humor – sie hat ihn mitgebracht, und Flo schöpft neuen Mut. Tante Mai wird ihr praktisch und vor allem seelisch zur Seite stehen. Sie wird einen Teil der zeitraubenden Korrespondenz übernehmen.

Mrs Mai Smith beschreibt Flo's Aufgabe in einem Brief nach England so: »Die Leute stellen sie sich gewöhnlich am Bett des Soldaten vor … Die eigentliche Mühsal ihrer Aufgabe aber besteht in der Unmenge an Schreibereien und Gesprächen, in dem Verkehr mit Gemeinheit, Selbstsucht und Dummheit.«

»Warum vertrinken die Soldaten ihren bescheidenen Sold?«, fragt Mai ihre Nichte eines Tages. »Ihre Familien benötigen doch dringend das Geld!«

»Ja«, erwidert Flo, »dies ist eins der ungelösten Probleme hier in Skutari. Die Heeresleitung hat nicht dafür gesorgt, dass die Männer ihr Geld nach Hause überweisen können.«

Tante Mai ist außer sich.

»Und hier oben auf dem Berg können sie nichts kaufen – außer Alkohol«, fährt Flo fort. »Wie oft habe ich beantragt, dass man sich dieser Missstände annimmt! Die Ohren der Offiziere scheinen taub zu sein. Nein, ihre Ohren sind es nicht, Tante Mai«, verbessert sich Flo, »es sind ihre Herzen, sie sind hart wie Stein und kalt wie Eisklumpen. Aber ich werde nicht ruhen, bis diese Probleme gelöst sind!«

Tante Mai erlebt in den folgenden Wochen mit, wie Flo ein Lesezimmer einrichtet, in dem Bücher ausgeliehen werden, und wie sie eine Schule für die Analphabeten eröffnet, in der sie Lesen und Schreiben lernen können. All dies setzt sie gegen den erbitterten Widerstand der Armeeleitung in Skutari durch.

»Was werfen Sie Perle vor die Säue!«, muss sie sich anhören. »Diese versoffenen Bestien verdienen es nicht, wie Menschen behandelt zu werden!«

Florence Nightingale weiß, was sie tut, und lässt sich nicht abhalten. In unermüdlichem Einsatz gründet sie vier weitere Soldaten-Berufsschulen. Sie werden von erfahrenen Lehrern geleitet, und der Erfolg übersteigt alle Erwartungen. Sie schreibt: »Die Lehrstunden werden in solchem Übermaß besucht, dass die Soldaten die Türe der Hütte aushängen, um hören zu können. Singklassen werden eingerichtet. Die Soldaten bauen sich auch ein kleines Theater, für das Kostüme und Requisiten von privater Seite geliehen werden. Fußball und andere Rasenspiele für die Gesunden, Domino und Schach für die Kranken sind sehr gefragt. Eine anständigere Bevölkerung als die des Kommandos von Skutari in den Jahren 1855/1856 kann man sich kaum vorstellen.«

Die verbreitete Unsitte des Trinkens ist jedoch noch nicht überwunden. Florence behauptet: »Die Leute trinken, um zu vergessen und weil sie Schmerzen haben – und weil sie keine Möglichkeit haben, ihr Geld sinnvoll auszugeben.« Ein Zahlmeister hat den Soldaten angeboten, das Geld an die Familien in England zu überweisen, aber sie trauen ihm nicht.

Tante Mai hat eine gute Idee: »Wir sollten Sam um Hilfe bitten, Flo! Er ist zuverlässig, hat Zeit und kennt den Umgang mit Banken.«

»Dann müsste ich das Geld selbst überweisen?«

»Genau! Lass mich dir helfen. Ich übernehme die Buchführung für die Einzahlungen ...«

Unbeirrt verfolgt Flo ihre Ziele weiter. Hier in Skutari spiegelt sich wider, was sie in den Dörfern Englands erlebt hat: die Verachtung der einfachen Menschen durch die reiche Oberschicht. An diese Leute in England richtet Florence Nightingale ihren nächsten Bericht: »Die Schrecken des Krieges entsprechen nicht dem, was man sich gewöhnlich darunter vorstellt: Wunden, Blut, Fieber, chronische und akute Ruhr, Kälte, Hitze und Hunger. Sie sind viel mehr Trunkenheit, Grausamkeit, Werteverfall und Chaos bei den Untergebenen. Aber es liegt an der Führungsschicht – sie ist von Eifersucht, Gemeinheit, Gleichgültigkeit und rücksichtslosem Egoismus geprägt ...«

Dass die Lady sich nun auch um das Wohlergehen der Truppen sorgt, bringt ihre Widersacher erneut auf die Barrikaden. Ein regelrechter Religionskrieg um ihre Person entsteht. In dieser Situation schreibt sie an Sidney Herbert: »Hier gibt es keinen Beamten, der mich, wenn er nur könnte, nicht verbrennen würde wie die Jungfrau von Orléans, aber wir wissen, dass das Kriegsministerium mich nicht vor die Tür setzen kann, weil die Nation auf meiner Seite ist. Das ist meine Lage.«

Skutari ist in Aufbruchstimmung. Die ersten Soldaten werden in Begleitung einiger Schwestern nach England verlegt – das Lazarett leert sich langsam, aber sicher. Flo muss noch einmal nach Balaklava reisen, um dort den Abtransport der Verwundeten vorzubereiten.

Eines Tages trifft Tante Mai auf William, als er gerade mit Rousch die Kneipe verlässt. Er kann sich kaum auf dem Bein und der Krücke halten. Seine Augen sind glasig und schauen ins Leere. Er riecht nach Alkohol.

»William«, stößt Tante Mai erschrocken aus, »was machst du hier? Komm, setz dich hier auf den Stein, William, du bist ja ganz unsicher!«

Der Soldat lässt sich willig helfen. Rousch legt sich zu seinen Füßen.

»Und nun sag mir: Was ist los?«

»Es hat doch alles keinen Sinn«, lallt er. »Robbie wird mich verlassen, und Rousch – und die Katze und Miss Nightingale.«

»Aber der Krieg ist zu Ende, William, freust du dich nicht?«

William senkt den Kopf. Am liebsten würde er ihn wie eine Schildkröte unter einem festen Panzer verschwinden lassen. Er, der sich sonst stets unter Kontrolle hat, lässt seinen Tränen freien Lauf. »Robbie hat ein Zuhause, Mrs Smith – mein Zuhause ist hier, bei Robbie, Rousch, Skuta und Alexis – und der Lady. Ich habe keine Familie … Deshalb bin ich zur See gefahren … und nun … kann ich nicht mal mehr … auf einem Schiff arbeiten.« William schlägt verzweifelt mit der Hand auf den Stein, an der Stelle, wo früher sein gesundes Bein saß.

Mrs Smith reicht ihm ein feines Taschentuch mit zierlichen Spitzen. Er schaut es irritiert an.

»Nimm es, William, es gehört dir.«

In Balaklava hat Flo die nötigen Vorkehrungen getroffen. Nun ist sie zurückgekommen. Ihre eigene Abreise steht noch nicht an. Sie will Skutari nicht verlassen, bevor nicht der letzte Soldat abgereist ist. Es tut ihr gut, dass Tante Mai sie in Empfang nimmt.

»Du hast ein Päckchen bekommen, Flo, ein besonderes«, sagt Tante Mai geheimnisvoll.

Flo's Augen werden ganz groß, als sie das königliche Siegel entdeckt.

Zum Weihnachtsfest trägt Florence die Brosche, die Prinz Albert, der Gemahl der englischen Königin, selbst für sie entworfen hat: Sie ist mit drei großen Diamanten besetzt, um die jeweils fünf kleinere Diamanten sternförmig angeordnet sind. Am Rand trägt sie die Inschrift: »Selig sind die Barmherzigen.« In der Mitte eines roten Kreuzes prangt eine Krone mit den Initialen V.R. (Victoria Regina – Königin Victoria). Unten ist eine Fahne mit der Aufschrift »Krim«. Auf der Rückseite steht: »Für Miss Florence Nightingale als Würdigung und Dank für ihren hingebungsvollen Dienst an den tapferen Soldaten der Königin, von Victoria R. 1855.«

Diese Brosche ist viel zu prächtig, denkt Flo, aber sie bietet mir eine wunderbare Gelegenheit, an die Königin und ihren Gemahl direkt zu schreiben. Zusammen mit dem Dank will sie das Königspaar auf ihre Sorgen um die sozialen Zustände ihres Heimatlandes aufmerksam machen.

Bewundert und bejubelt

ENDLICH, IM FEBRUAR 1856, geht der Krimkrieg zu Ende. Zwei lange und schreckliche Jahre hat der »Blitzkrieg« gedauert. Dreitausend Soldaten sind im Kampf ums Leben gekommen, zwanzigtausend an der Cholera gestorben. Niemand kann ermessen, wie viele der überlebenden Soldaten bis an ihr Lebensende gezeichnet sind von Behinderung, Schmerzen und seelischen Qualen. Florence Nightingale hat nach und nach insgesamt mehr als hundert Schwestern unter ihrer Verantwortung gehabt, davon sind sechs gestorben.

Die britische Kriegsmaschinerie auf der Krim löst sich langsam auf. Florence ist noch in Skutari.

Überall in England erscheint das Bild einer jungen Frau mit einer Lampe. Sie wird geehrt, weil sie mit ihrem selbstlosen und mutigen Einsatz, mit ihrem Organisationstalent und ihrer mütterlichen Hingabe für Tausende von Soldaten gesorgt hat. Vielen hat sie das Leben gerettet, unzähligen hat sie beim Sterben beigestanden. Was Wunder, dass in England eine Florence-Nightingale-Euphorie ausbricht.

Der Anstoß kommt von bekannten Persönlichkeiten: Sidney

Herbert und Richard Milnes. Sie gründen die Florence-Nightingale-Stiftung. Man wird Geld sammeln, um der mutigen Frau zum Empfang ein Geschenk zu machen.

Flo hat in Skutari davon gehört, aber sie will kein Geschenk. Sie möchte einen jahrelang gehegten Traum umsetzen und das Geld für eine gute Krankenpflege-Ausbildung ausgeben. Sie hat einen weiten und notvollen Umweg gebraucht, um ihrem Ziel jetzt endlich näher zu kommen.

Überall werden Gesellschaften gegeben, auf denen zum Spenden aufgerufen wird, und es kommt sehr viel Geld zusammen.

Die Mutter, Fanny Nightingale, ist in ihrem Element! Natürlich lädt auch sie zu einem großen Empfang ein, zu dem sie viele berühmte Persönlichkeiten begrüßen wird. Sie sonnt sich im Ruhm ihrer Tochter, deren Entwicklung sie wahrlich nicht gefördert hat. An Florence schreibt sie: »Der 29. November 1855: Der interessanteste Tag im Leben Deiner Mutter. Es ist sehr spät, mein Kind, aber ich kann nicht ins Bett gehen, ohne Dir zu sagen, dass Deine Versammlung einfach glorreich war …«

Flo antwortet ihr: »Meine Berühmtheit ist kein Segen für meine Arbeit, aber wenn es Dir gefallen hat, bin ich zufrieden …«

Parte hat ihrer Schwester geschildert, wie groß die Verehrung des britischen Volkes für ihre Nationalheldin sei: »Du kannst kaum noch eine Kaffeetasse kaufen, auf der nicht Dein Bild prangt …«

Auch sie bekommt eine Antwort – immer noch hat Florence die Hoffnung nicht aufgegeben, dass Parte und sie sich eines Tages besser verstehen: »Mich so oft im Bilde zu sehen und die vielen Lobsprüche zu lesen, ist mir wenig willkommen. Ich möchte keine Gleichgültigkeit gegen echte Anteilnahme heucheln, aber der ›Eclat‹, mit dem man meine Erlebnisse umgibt, hat mich sehr unangenehm berührt, umso mehr, je öfter ich davon höre … Die Eitelkeit und Leichtfertigkeit, die diesen Wirbel hervorgerufen haben, haben uns nur geschadet. Sie haben Unglück über das vielleicht verheißungsvollste Unternehmen gebracht, das je von England ausgegangen ist. Unsere alte Gruppe, die ihr Werk in Bedrängnis und Mühe, in Kampf und Finsternis begann, hat Besseres geleistet als alle anderen … Der kleine stille Anfang, die einfache Härte, der schweigende und langsame Kampf aufwärts, das ist das Klima, in dem ein Unternehmen wirklich wächst und gedeiht.«

»Meinst du, Tante Mai, dass Parte meinen Brief versteht?«

»Nein, ich glaube nicht, meine Liebe.«

Langsam nähert sich der Zeitpunkt der Abreise. Robbie schwärmt bereits von den Bratkartoffeln aus Mutters Pfanne. Aber er wird natürlich nicht ohne die Lady abreisen.

Parte hat ihre Schwester wissen lassen, dass in Frankreich und England große Vorbereitungen für einen prächtigen Empfang getroffen werden. »Das hat mir gerade noch gefehlt«, seufzt Flo. »Solche Feiern sind mir zuwider. Wenn jemand geehrt werden sollte, dann doch wohl eher die tapferen Soldaten!«

Tante Mai weiß Rat: »Komm, meine Liebe«, sagt sie, »wir beide werden der jubelnden Nation einen Streich spielen …«

Am nächsten Tag nimmt Flo Robbie beiseite. »Hör mir zu«, sagt sie. »Du warst lange meine unentbehrliche rechte Hand. Ich würde gerne mit dir und den restlichen Soldaten heimreisen, aber es geht nicht. Ich kann feiernde Menschenmengen nicht ausstehen. Würdest du mich abschirmen?«

Robbie nickt. Ein bisschen enttäuscht ist er schon, aber weil die Lady ihn braucht, gibt es kein Wenn und Aber.

»Robbie, du weißt doch, wo Lea Hurst liegt?«

»Ja, Miss Nightingale, es ist ganz in der Nähe meines Dorfes.«

»Ganz richtig, und deshalb bist du der Einzige, der einen kleinen Transport dorthin leiten kann. Willst du?«

»Wie soll das praktisch aussehen? – Ihr Gepäck?«, fragt Robbie zurück.

Florence schüttelt den Kopf: »Es gibt zwei Menschen und zwei Tiere, die kein Zuhause haben, wenn es hier zu Ende geht.«

Robbie starrt Miss Nightingale an, dann geht ihm ein Licht auf und seine Augen beginnen zu leuchten. »Sie wollen Peter und William ... und Rousch und Skuta ...«

Florence nickt und ergänzt: »... zu mir nehmen.«

Robbie seufzt tief und holt Luft, dann rennt er davon, geradewegs auf den kleinen Friedhof zu.

Heimkehr

»MAMA, SIE SIND DA, die drei Jungen aus Skutari – mit dem Hund!« Parte steht verlegen an der Haustür. Flo hatte die drei telegrafisch angekündet, aber nun ist ihre Schwester doch ein bisschen sprachlos. Schockiert starrt sie auf Williams Krücke und mustert das seltsame Trio. Robbie versteckt seinen unvollkommenen Arm hinter dem Rücken. Peter trägt das hungrige Kätzchen in einem Korb bei sich. Diese schäbigen Uniformen! Jetzt bringen sie uns das Ungeziefer aus Skutari ins Haus, denkt Parte.

Abwartend und scheu bleiben die Kriegskinder aus Skutari vor der Haustür stehen.

Da kommt eine schöne Dame im langen, raschelnden Kleid, das muss Mrs Nightingale sein. Alle schauen sich befremdet an, bis die Lady schließlich den Kutscher Charles ruft und ihn bittet, die fremden Tiere wegzusperren. Auch Rousch hat bereits gespürt, dass sich hier eine andere Welt auftut. Er zieht den Schwanz ein. Robbie streichelt ihn: »Sei schön brav, Rousch, bald kommt dein Frauchen, sie ist schon unterwegs – bist ein gutes Tier.« Und bei sich denkt er: Lange wird Rousch nicht weggesperrt bleiben – dafür wird Miss Florence sorgen.

Schließlich löst sich Fanny aus ihrer Starrheit und lässt Flo's Freundesschar eintreten. Der prächtige Salon mit seinen grünen Plüschsesseln und den Vorhängen aus Samt und Seide und die drei in ihrer schäbigen Kleidung – irgendwie passt alles nicht zusammen.

William findet die lösenden Worte: »Mrs Nightingale, die Lady wird auch bald kommen, sie reist unter falschem Namen mit ihrer Tante über Paris.« Hoffentlich kommt sie ganz schnell, denkt Peter und schaut sich beklommen in der neuen Umgebung um.

»Verzeihung, gnädige Frau!« Ein Dienstmädchen steht in der Tür, schwarz gekleidet mit einer weißen Haube. »Werden die … Gäste … zum Tee bleiben?«

»Wie bitte? – Ach so … ach ja … ja, Molly, bringen Sie bitte den Tee … und etwas zu essen.« Und zu den Kindern gewandt: »Sicherlich habt ihr großen Hunger!«

Peter kann das mit den sprechenden Augen eines Fünfjährigen deutlich beantworten.

Jetzt wird Robbie unruhig. William, Peter und die Tiere sind angekommen, er hat seinen Auftrag erledigt. Noch eine halbe Stunde wird er laufen, dann ist auch er zu Hause. Dort erwarten ihn zwar Armut und Hunger, aber auch eine liebevolle Mutter und zwei schutzbedürftige kleine Schwestern. »Ich muss jetzt gehen«, sagt er. »Meine Familie muss wissen, dass ich wieder da bin.« Eilig geht er davon.

In Lea Hurst gibt es von diesem Tag an keinen Menschen, der nicht stündlich auf das Telegramm wartet, welches die Ankunft von Miss Florence ankündigt. Der Kutscher Charles beginnt eifrig, seine Kutsche auf Hochglanz zu bringen.

Parte hat spontan Gefallen an dem kleinen Peter gefunden – das ist ein gutes Mittel gegen die Langeweile. Flo will ihn adoptieren, denkt sie, dann werde ich Tante. Sie hat den freundlichen Jungen neu ausstaffiert, er sieht in seinem dunkelblauen Samtanzug und den weißen Strümpfen aus wie ein kleiner Lord, aber er scheint sich in diesem Aufzug überhaupt nicht zu mögen.

Auch William ist neu eingekleidet worden, dafür hat Fanny Sorge getragen. Er darf beim Kutscher Charles wohnen, und die beiden verstehen sich blendend in ihrer gemeinsamen Liebe zu Florence. Abends sitzen sie auf den Baumstümpfen vor Charles' Kate. Im Park grünt und blüht es. Es ist so unglaublich friedlich hier in Lea Hurst, denkt William, während Charles sich eine Pfeife stopft. Die Dämmerung bricht langsam herein, ein paar eilige Schwalben kreisen tief. »Morgen wird es regnen«, weiß der alte Kutscher.

In der Ferne ertönt ein energischer Pfiff. »Das ist der Abendzug«, erklärt Charles. »Dort hinter der Akazie wirst du gleich den weißen Rauch emporsteigen sehen, aber ich wette, er wird nicht hochkommen, heute nicht.«

Ein paar Sekunden schauen die beiden gespannt zu den Baumkronen am Firmament. »Du hast recht, Charles«, lacht William, »der Rauch bleibt unten.«

An diesem Abend erzählt der alte Charles dem jungen Mann die Geschichten von der kleinen Flo, wie sie mit ihm auf dem Kutschbock über Gott und die Welt und vor allem die Politik debattiert hat, wie sie heimlich ihr Gespartes den Armen am Wegrand zuwarf und dabei überglücklich war. »Ja, ich glaube, sie wollte wohl die Welt verbessern«, sagt Charles.

»Und das hat sie wirklich getan«, bestätigt der junge Soldat. »Sie hat unzählig vielen Soldaten das Leben gerettet – und dann wäre sie beinahe selbst gestorben.«

»Man sagt, sie habe Tag und Nacht die Kranken versorgt, stimmt das?«

»Nein, sie hat Tag und Nacht schwer gearbeitet, aber an den Betten war sie nur nachts.«

»Und was hat sie den ganzen Tag über gemacht?«

»Sie musste vieles regeln, und vor allem kämpfen, immerzu kämpfen!« William boxt mit seinen Armen in alle Richtungen.

»Wie meinst du das, kämpfen?«

»Für die Soldaten, gegen die Armeeleitung. Sie musste um alles kämpfen, um jede Kleinigkeit, um besseres Essen, um warme Kleidung, um Seife, um sauberes Wasser – um tausend Notwendigkeiten. Ohne sie wären wir elend zugrunde gegangen. Du kannst dir nicht vorstellen, wie sehr wir Soldaten sie geliebt haben. Nachts, wenn sie mit ihrer Lampe durch die Säle ging, haben wir ihren Schatten geküsst.«

»Hoffentlich darfst du noch länger bei mir wohnen, William, wenn sie endlich da ist. Ich möchte, dass du mir mehr über den Krimkrieg erzählst.«

Eine Weile ist es ganz still. Dann räuspert sich William. »Du, Charles, ich möchte dich was fragen.«

»Und?«

»Wenn du sie abholst, nimmst du mich dann mit?«

Charles zögert keinen Moment: »Natürlich kommst du mit, William, Ehrensache!«

»Aber«, William druckst und schaut auf die Krücke, »wie soll das gehen? Wie komme ich in die Kutsche?«

Charles denkt nach: »Alles geht, nur der Frosch hüpft«, sagt er schließlich, und dann lacht er sein unwiderstehliches, schelmisches Lachen, das schon die kleine Flo so sehr liebte.

In diesem Moment ist Teazer unruhig geworden. Er läuft bellend davon, kehrt aufgeregt zurück und fordert die Männer auf, ihm zu folgen. Da kommt im Dunst der Dämmerung eine unscheinbare, müde Gestalt den Weg herauf. Sie setzt ihre Reisetasche ab und lockt Teazer herbei, der laut bellend und schwanzwedelnd seine Herrin begrüßt – fast wirft er sie vor Freude um.

»Miss Florence!« Der Kutscher eilt auf sie zu. »Miss Florence!« Charles weiß nicht, ob er sich schämen oder freuen soll. »Aber Miss Florence, Sie kommen ja ganz allein von Ihrer Reise zurück! Ich wollte Sie doch abholen, Miss Florence!«

»Diese Begrüßung ist aber tausendmal schöner, Charles, du und William und Teazer – aber wo ist Rousch?«

Charles bedauert: »Er ist in Quarantäne, Mylady, ich wurde angehalten, ihn wegzusperren.«

»Unsinn, Charles, bitte lass ihn sofort frei!«

»Was soll das Hundegebell da draußen?«, fragt Fanny gereizt, während die Familie zu Tisch sitzt. »Das ist doch nicht nur Teazer … William, schau doch mal nach, bitte!«

Aber der kleine Peter hat gute Ohren. »Rousch! Rousch!«, stößt er mit vollem Mund hervor und verteilt das halb gekaute Brot über den Tisch, bevor WEN verkündet: »Florence ist da!«, und eilig hinausläuft.

Die beiden Hunde sind sich so einig in ihrer Liebe zu ihrer Herrin, dass Menschen in diesem Moment keine Chance haben, sich der Heimkehrerin zu nähern.

»Florence, um Gottes willen, wie siehst du aus!«, stößt Fanny hervor. Flo trägt eine Männerfrisur, kurzes, dünnes Haar. Ihre tief liegenden Augen in einem ausgemergelten Gesicht spiegeln das Elend wider, das sie gesehen hat.

William nimmt seine geliebte Tochter lange in den Arm. Er hat keine Worte, nur ein paar leise Tränen, deren er sich nicht schämt. Was kann man in einem solchen Moment schon sagen?

Bald entdeckt Florence den »kleinen Lord«, wie Parte ihn nennt. Peter steht scheu und abwartend etwas abseits. Jetzt aber fällt alle Schüchternheit von ihm ab, und er fliegt ihr in die ausgebreiteten Arme. Seine Welt ist fast wieder in Ordnung.

Parte folgt ihm. Wie lange hat sie ihre Schwester nicht mehr geküsst? Die Berührung fällt zurückhaltend aus, es ist der Versuch einer vorsichtigen Annäherung.

William, Flo's Vater, hat sich still ins Haus verzogen. Er wirft sich in der Eingangshalle in einen Sessel und holt tief Luft. Diese Geschichte hätte auch ganz anders ausgehen können, denkt er. Wir haben unserem Adler die Freiheit gegeben, und fast wäre sie umgekommen. Eine Menge Federn hat sie gelassen. Aber jetzt ist sie zurückgekommen. Gott sei Dank! Er schlägt die Hände vors Gesicht. »Sie ist das Liebste, was ich habe«, sagt er halblaut stöhnend zu sich selbst – oder hat er mit Gott gesprochen?

Draußen werden Stimmen hörbar. Charles hat die Dienerschaft zusammengetrommelt, und das Gesinde bildet in einem Wirbel von Schwarz und Weiß ein Spalier, um Miss Florence, die Nationalheldin, würdig zu empfangen. Alle meinen, ein klein wenig Anteil an ihrem Ruhm zu haben, aber niemand ahnt, wie schwer sie an ihrer Müdigkeit trägt. Endlich kann Florence die Tür hinter sich schließen, und auch sie sinkt erleichtert in einen Sessel.

Fanny erholt sich allmählich von ihrem Schreck und schaut nun stolz auf ihre berühmte Tochter. »Du hast die Ehre unseres Landes wiederhergestellt, Florence, und jetzt ist die Zeit gekommen, dich feiern zu lassen. Ich werde sofort ein paar neue Kleider …«

Florence schüttelt müde den Kopf. »Es gibt keinen Grund zum Feiern, Mama! Die Opfer waren zu groß.«

»Aber dass wir uns den Weg nach Indien, unserem Kronjuwel, freigekämpft haben, das lässt uns doch die großen Verluste vergessen«, sagt die Mutter.

»Die Feiern über unseren Sieg wollen gar nicht enden, Florence. Dieser Krieg hat sich schließlich sehr gelohnt«, hilft Parte der Mutter.

»Nein, meine Lieben, jedes Kriegsende ist schrecklich. Sinnvoll ist dieser Krieg nur dann gewesen, wenn wir es schaffen, daraus zu lernen. Die vielen Soldaten dürfen nicht umsonst ihr Leben gelassen haben. Jeder Gefallene war einer zu viel. Und die vielen Choleraopfer hätten nicht sein müssen – sie sind ein Skandal und eine Schande für unsere Nation!«

Fanny und Parte schauen sie betreten und ein wenig verständnislos an.

»Es ist höchste Zeit, dass wir in England Sozialreformen in Gang bringen«, sagt die Heimkehrerin, »aber ich glaube, dafür muss ich noch einmal in den Krieg ziehen – nur an eine andere Front.«

Nachwort – wie es weiterging

Flo hatte davon geträumt, ein paar Wochen des Rückzugs und der Erholung zu haben. Es kam jedoch sehr bald eine Einladung der Königin, sie in Schottland im Schloss Balmoral zu besuchen. Diese Gelegenheit wollte Florence unbedingt wahrnehmen, um ihre Überlegungen zu vielen Reformen an höchster Stelle auszusprechen.

Bei Königin Victoria hinterließ sie einen so tiefen Eindruck, dass aus diesem Treffen eine persönliche jahrzehntelange Freundschaft entstand.

Florence lebte zunächst eine Zeit lang mit ihrer Familie im Burlington-Hotel in London, wo sie sich aber zunehmend in die Enge getrieben sah. Fanny und Parte hatten erwartet, dass Florence sich nun um ihre Bedürfnisse kümmern würde, und sie versuchten erneut, ihr die Entscheidungen über ein eigenes, selbstbestimmtes Leben abzusprechen. Florence brauchte aber ihre ganze Kraft für die Entwicklung ihrer Krankenpflege-Projekte.

Resigniert schrieb sie in jenen Tagen: »Für jedes meiner achtzehntausend Kinder (die Soldaten in Skutari) habe ich in den Kriegsjahren mehr mütterliches Gefühl gehegt und mehr mütterliche Taten vollbracht als meine Mutter für mich in meinem Leben bisher.«

Am 15. Juni 1860 wurde aus den Mitteln der Nightingale-Stiftung die Nightingale-Schule für die ersten fünfzehn Krankenpflegeschülerinnen eröffnet. In diesem Jahr wurde auch ihr Buch »Bemerkungen zur Krankenpflege« veröffentlicht. Darin stellte sie Grundregeln der Krankenpflege dar. Es wurde in elf Sprachen übersetzt und wird bis heute nachgedruckt. Es gelang ihr, die Tätigkeit der Krankenschwester weltweit zu einem geachteten Beruf für Frauen aufzuwerten. Florence hatte eine »chinesische Mauer von religiösen, sozialen und beruflichen Vorurteilen« niedergerissen. Aber sie hatte noch mehr vor: Jede Frau und Mutter sollte eine gute Krankenschwester für ihre Familie sein. Also schrieb sie ein kleines Buch, in dem sie Ratschläge für eine gute Pflege zu Hause gab.

Nachdem sie wieder einen Zusammenbruch erlitten hatte, kaufte der Vater ihr ein Haus in London, in dem sie bescheiden und zurückgezogen leben konnte. Hier kämpfte sie weiter um die längst notwendigen sozialen Reformen. Sie ahnte nicht, wie lange dieser »Krieg« dauern würde. Über fünfzig Jahre blieb sie ihrem Ziel treu, das Leben der Unterschicht lebenswerter zu machen. Diese große Zeitspanne war geprägt von heftigen Kontroversen mit Politikern, von Veröffentlichungen, Arbeitsvorlagen, von langen Beratungsgesprächen und Sitzungen. Treue Freunde und Mitkämpfer, darunter prominente Politiker, gaben sich bei ihr die Klinke in die Hand.

Ihre Schriften über Krankenhausplanung und -Organisation wirkten weltweit. Auch führte sie als Erste Prinzipien der Statistik in die Krankenpflege ein.

Henri Dunant bekannte, dass er die Gründung des Roten Kreuzes nicht ohne die vorbildliche Arbeit von Florence Nightingale hätte verwirklichen können: »Wohl bin ich der Gründer des Roten Kreuzes und der Schöpfer der Genfer Konvention. Aber die Ehre, die mir deswegen zuteil geworden ist, habe ich mit einer englischen Frau zu teilen … Florence Nightingale …«

Schwere Krankheitszeiten reduzierten ihre Lebenskraft. Nach ihrer schweren Erkrankung in Balaklava hatte sie sich nie wieder richtig erholt. Aber das große Ziel verlor sie nie aus den Augen. Die letzten Jahre verbrachte sie arbeitend im Bett.

Sie starb mit neunzig Jahren am 13. August 1910. Eigentlich war für sie ein Staatsbegräbnis in der Westminster Abbey vorgesehen, aber sie hatte sich gewünscht, neben ihren Eltern begraben zu werden, auf einem kleinen Friedhof bei Wellow, in der Nähe von Embley Park. Die meisten Kriegsveteranen hatte der »Engel der Krim« zwar überlebt, dennoch konnte eine Gruppe von ihnen sie zu Grabe tragen, so wie es ihr Wunsch gewesen war.

Das kleine Kreuz über ihrem Grab trägt die schlichte Inschrift:

»F.N. Geboren 1820, gestorben 1910.«

Zwei Tage nach ihrem Tod schrieb die »New York Times«: »Nur wenige Leben waren nutzbringender und inspirierender als ihres.«

Gebet von Florence Nightingale

Spender des Lebens,
gib mir Kraft,
dass ich meine Arbeit
mit Überlegung tue,
getreu dem Ziel,
das Leben jener zu hüten,
die mir anvertraut sind.

Halte rein meine Lippen
von verletzenden Worten,
gib mir klare Augen,
das Gute der andern zu sehen.
Gib mir sanfte Hände,
ein gütiges Herz und eine geduldige Seele.
Dass durch deine Gnaden Schmerzen gelindert werden,
der Lebenswille wieder wachse.

Hilf, dass ich niemandem durch Unwissenheit
und Nachlässigkeit schade.
Für jene, die gebeugt sind
von Kummer und Weh,
von Angst und Schmerz,
gib Kraft zum Durchhalten.
Schenk mir, o Gott
deinen Segen zu meiner Aufgabe.

Zeittafel

1820   Am 12. Mai wird Florence als zweite Tochter des
        Ehepaares William Edward und Fanny Nightin-
        gale in Florenz (Italien) geboren
1821   Rückkehr nach England
1836   Gründung der Kaiserswerther Diakonissenanstalt
        durch Theodor und Friederike Fliedner bei Düs-
        seldorf
1837   Pflege ihrer Familie und der Dienstboten wäh-
        rend einer Grippeepidemie. Florence hört den
        Ruf Gottes am 7. Febr. 1837
1839   Die Nightingales kehren von ihrer erneuten Eu-
        ropareise zurück. Die Töchter werden in die
        höhere Gesellschaft eingeführt. Hungerjahre in
        England. Florence fängt an, Studien über Kran-
        kenhäuser zu betreiben, nachdem es ihr nicht er-
        laubt wird, Krankenpflege zu lernen
1847   Reise nach Italien mit dem Ehepaar Bracebridge.
        Hier lernt Florence Elizabeth und Sidney Her-
        bert kennen
1849   Florence lehnt den Heiratsantrag ihres Freundes,
        des Dichters Richard Monckton Milnes, ab
1850   Reise mit Ehepaar Bracebridge nach Ägypten.
        Auf der Rückreise lernt Florence das Ehepaar
        Fliedner und ihr Werk in Kaiserswerth kennen
1851   Vom 6. Juli bis 7. Oktober ist Florence als Prakti-
        kantin in Kaiserswerth
1852   Sidney Herbert wird zum Kriegsminister ernannt
1853   Studium der pflegerischen Arbeit der »Barm-
        herzigen Schwestern« in Paris. Florence wird
        Leiterin eines Genesungsheimes für verarmte
        Adelsdamen in London

1854	Der Krimkrieg bricht aus. Am 20. Sept. Schlacht an der Alma mit dem Sieg der Alliierten: England, Frankreich und der Türkei. Florence übernimmt am 3. November die Krankenpflege im Lazarett Skutari, in einem Stadtteil von Konstantinopel/ Türkei
1855	Zar Nikolaus stirbt im Februar und sein Sohn Alexander II. tritt die Thronfolge an. Florence unternimmt eine Inspektionsreise auf die Krim, um die dortigen Lazarette zu beraten. Sie erkrankt schwer am »Krimfieber« und kehrt unverrichteter Dinge nach Skutari zurück. Am 10. November besiegelt der Fall Sewastopols die zaristische Niederlage (Leo Tolstoi, »Sewastopoler Erzählungen«)
1856	Florence versucht mit letzter Kraft, die sozialen Lebensbedingungen der Soldaten zu verbessern, indem sie Schulen und andere Bildungsstätten in Skutari errichtet
1856	Florence kehrt im August völlig erschöpft nach Lea Hurst zurück. Auf Einladung von Königin Victoria reist sie nach Schloss Balmoral in Schottland. Dort beginnt die Freundschaft mit der gleichaltrigen Königin, obwohl Florence diese Reise mit der Absicht von politischen Beratungen angetreten hatte
1857	Florence beginnt, Berichte für die Militär-Kommission zu schreiben und gilt als gute Beraterin für Krankenpflege in Lazaretten
1860	Florence eröffnet ihre eigene Krankenschwestern-Schule in London
1861	Gründung einer Hebammenschule am »King's College Hospital«, London

1861-1865	Amerikanischer Bürgerkrieg. Hilfsgesuche der Bürgerkriegsparteien an F. Nightingale
1862	Beginn ihres Engagements für das indische Gesundheitswesen
1863	Gründung des Roten Kreuzes durch Henri Dunant
1864	Genfer Konvention: Völkerrechtlich verbindliche Regeln zur Versorgung von Kranken und Verwundeten im Krieg
1865	Florence zieht in die South Street nach London und arbeitet von dort aus an vielen Konzepten für das Gesundheitswesen und Verbesserungen für die Armen mit. Ihren Einfluss auf das Gesundheitswesen, zunächst in England und dann auch in vielen anderen Ländern, kann man nicht hoch genug einschätzen
1870/71	Deutsch-Französischer Krieg. Medizinische Beratung beider Kriegsparteien
1871	Gründung des Deutschen Kaiserreiches
1902	Florence wird bettlägerig und verliert mehr und mehr ihre Sehkraft
1910	Am 13. August stirbt Florence Nightingale im Alter von neunzig Jahren in London

Weitere Bücher zum Thema

Manfred Vasold: Florence Nightingale. Eine Frau im Kampf für die Menschlichkeit, Verlag Friedrich Prustet, Regensburg 2003

Dave und Neta Jackson: Florence Nightingale – Die Schlacht des Trommlers, Christliche Literatur-Verbreitung, Bielefeld 2000

Wolfgang Genschorek: Schwester Florence Nightingale, S. Hirzel Verlag, Leipzig, 4. Auflage 1990

Cyril Davey: Der Engel mit der Lampe – das Leben der Florence Nightingale, Verlag Schulte und Gerth, Aßlar 1979

Sam Wellman: Florence Nightingale – Er heilt alle ihre Wunden, Verlag der Francke Buchhandlung, Marburg 2002

Ursula Foertsch: Nächstenliebe war ihr Werk, Quell-Verlag, Stuttgart 1975

Dietmar Kruczek: Frauen der Geschichte, Band 2, Helen Keller, Florence Nightingale, docupoint Verlag, Magdeburg 2005

Carl Vossen: Florence Nightingale, Geliebtes Kaiserswerth. Zum 150-jährigen Bestehen des Diakoniewerkes Kaiserswerth (1836-1986), Stern-Verlag Janssen/Hoch-Verlag, Düsseldorf 1986

Christoph Schweikardt, Die Entwicklung der Krankenpflege zur staatlich anerkannten Tätigkeit im 19. und frühen 20. Jahrhundert, Martin Meidenbauer Verlag, München 2008

Veröffentlichungen von Florence Nightingale

The Institution of Kaiserswerth on the Rhine, for the practical training of deaconesses, under the direction of the Rev. Pastor Fliedner, embracing the support and care of a hospital, infant and industrial schools, and a female penitentiary, London 1857 (wurde in England anonym veröffentlicht; Faksimile-Druck Diakonissenanstalt Düsseldorf-Kaiserswerth 1956)

Notes on matters affecting the health, efficiency, and hospital administration of the British Army, founded chiefly on the experience of the late war, London 1858

Notes on hospitals, London 1858 (3. Auflage 1863)

Bemerkungen zur Krankenpflege, neu übersetzt und kommentiert, Marbuse Verlag, Frankfurt/Main 2005 (Notes on nursing: What it is, and what it is not, London 1860)

Die Pflege bei Kranken und Gesunden. Kurze Winke, den Frauen aller Stände gewidmet, Leipzig 1861 (Notes on nursing for the labouring classes, London 1861)

Army sanitary administration and its reform under the late Lord Herbert, London 1863

How people may live and not die in India, London 1863

Sanitary statistics of native colonial schools and hospitals, London 1863

On trained nursing for the sick poor, in: Times, 4. April 1876

Nachbemerkung der Autorin

DIE GESCHICHTE VON »Robbie«, Robert Robinson, beruht auf der einer wahren Person. Mr Robinson hat seine Geschichte mit Florence Nightingale selbst aufgeschrieben. Sie ist jetzt Teil der Ausstellung zu »Florence Nightingale« im British Museum in London. Dave und Neta Jackson haben seine Geschichte wieder aufbereitet in ihrem Buch: »Die Schlacht des Trommlers«. Einige Passagen daraus habe ich frei formuliert übernommen.

Die Anekdoten aus Cyril Davey, »Der Engel mit der Lampe« (siehe Literaturliste), habe ich teilweise textnah übernommen, und zwar folgende Passagen: »Ich gebe zu«, sagte die Mutter, »dass sie sich sehr nett aufführt ...«; »Sie sollten einmal Kaiserswerth besuchen ...«; »Komm, mein liebes Kind ...«; »Du hast dich doch nicht etwa von einem dieser abenteuerlichen Italiener anschwatzen lassen?«; »Hin und wieder blieben sie stehen ...«; »Da kamen sie, voran die Musiker in goldstrotzenden Uniformen ...«; »Florence hatte im Stift unmögliche Zustände angetroffen ...«; »Als sie eines Morgens die Zeitung aufschlug, wurde ihr Gesicht ernst ...«; »Wie bitte, fragte Liz ...«; »Die Ärzte 'aben schon gesprochen über Sie ...«; »Warum liegen die Männer auf der nackten Erde?«; »Einer der Reiter, ein kleiner, untersetzter Mann, schwang sich vom Pferd ...«; »Das hier ist entsetzlich ...«; »An einem späten Nachmittag schwang sich vor ihrer Hütte ein fremder Reiter vom Pferd ...«; »Eines Tages klopfte es an der Tür.«

Tagebucheinträge und Briefzitate von Florence Nightingale habe ich folgendem Buch entnommen: Sam Wellman: »Florence Nightingale – Er heilt alle ihre Wunden« (siehe Literaturliste).

Brigitte Troeger

Brennende Augen

Johannes Lepsius –
ein Leben für die Armenier

208 Seiten, Gebunden
mit zahlreichen S/W-Fotos
ISBN 978-3-7655-1904-8

Er hätte ein sicheres, interessantes Leben in Deutschland haben können. Aufgewachsen in Berlin in einer Familie, wo Prominente aus Politik, Kultur und Kirche ein und aus gingen, widmete sich der brillante junge Wissenschaftler und Theologe Johannes Lepsius jedoch vor allem dem Schicksal des armenischen Volkes, das in der Türkei seit Ende des 19. Jahrhunderts fortwährenden Repressalien und Verfolgungen ausgesetzt war. Mutig bezog er öffentlich Stellung gegen den damaligen Verbündeten des Deutschen Reichs und nahm für seine Überzeugungen in Deutschland Anfeindungen und Redeverbot in Kauf. Mit allen ihm zur Verfügung stehenden Mitteln versuchte er 1915/16, den Völkermord an den Armeniern zu verhindern.

Die spannende biografische Erzählung schildert das ungewöhnliche, mutige und von tiefem Glauben geprägte Leben von Johannes Lepsius.

BRUNNEN VERLAG GIESSEN
www.brunnen-verlag.de

Brigitte Troeger

Luft wie Samt und Seide

Heitere und bewegende
Geschichten einer Pfarrfrau
im Orient

144 Seiten, Taschenbuch
ISBN 978-3-7655-3818-6

Warum hatte ihr niemand gesagt, wie traumhaft schön es in
Assuan war? An Tagen, wo die Luft wie Samt und Seide schien,
taten ihr die Leute in Deutschland Leid: So viel Kälte und
Regen – und sie arbeitete und lebte hier im warmen Süden,
wo die Menschen so freundlich waren und immer einen Grund
zum Lächeln fanden.

An anderen Tagen schien die Welt dunkel, voller Gefahren
und Hindernisse: schwer verständliche Härten der einheimi-
schen Kultur, die Willkür von Behörden – sie fühlte sich wie
bei einem Seiltanz ohne Netz …

Die bewegenden Geschichten erzählen von Höhen und Tiefen im
Leben einer Pfarrfrau, die viele Jahre in Ägypten verbracht hat. Von
überraschenden Begegnungen, von Wundern und Bewahrung, von
Freude und Hoffnung.

BRUNNEN VERLAG GIESSEN
www.brunnen-verlag.de